Gonglu Yingji Yanghu Guanli Shouce

公路应急养护管理手册

塔城公路管理局　组织编写

人民交通出版社股份有限公司
北京

内 容 提 要

本书内容包括公路应急养护管理总则、公路应急保障体系、公路应急管理运行机制、公路应急养护作业标准、公路突发事件处置、公路应急管理信息化平台建设等，并附有公路雪害综合防治体系建设、2015年度公路交通警地联合应急演练、公路巡查作业细则等。

本书适合公路应急养护管理人员、技术人员及其他从业人员参考使用，也可作为相关技术人员自学和培训教材。

图书在版编目(CIP)数据

公路应急养护管理手册/塔城公路管理局组织编写
.—北京:人民交通出版社股份有限公司,2022.2
ISBN 978-7-114-17850-4

Ⅰ.①公… Ⅱ.①塔… Ⅲ.①公路养护—技术—手册
Ⅳ.①U418.4-64

中国版本图书馆 CIP 数据核字(2022)第 024257 号

书　　名:公路应急养护管理手册
著 作 者:塔城公路管理局
责任编辑:袁 方　杨 思
责任校对:孙国靖　龙 雪
责任印制:刘高彤
出版发行:人民交通出版社股份有限公司
地　　址:(100011)北京市朝阳区安定门外外馆斜街3号
网　　址:http://www.ccpcl.com.cn
销售电话:(010)59757973
总 经 销:人民交通出版社股份有限公司发行部
经　　销:各地新华书店
印　　刷:北京虎彩文化传播有限公司
开　　本:787×1092　1/16
印　　张:7.25
字　　数:160 千
版　　次:2022 年 2 月　第 1 版
印　　次:2024 年 6 月　第 3 次印刷
书　　号:ISBN 978-7-114-17850-4
定　　价:81.00 元
(有印刷、装订质量问题的图书由本公司负责调换)

《公路应急养护管理手册》
编委会

编委会主任:巴贵春

编委会副主任:徐卫宾　王守玲　王世刚

编写人员:周　丽　秦俊杰　朱喜梅　韩　燕　李　洁

龙建军　石春燕　王　涛　努尔甫拉提

闫永飞　杜文凯　郭　瑞　李　杰　罗　飞

木沙尔·阿不都　徐书敏　崔　伟　高志华

随着交通建设的快速发展,我国公路网不断完善,为了让已建成的公路网保持畅通,发挥更大的作用,方便公众出行,公路养护管理要求逐渐提高。公路突发事件会导致其运营功能减弱甚至丧失,造成交通拥堵、中断,或危及公众的生命和财产安全,产生重大的不良社会影响。针对国省干线的运营管理,系统总结公路应急养护管理经验,对提高公路应急管理水平,充分发挥其安全、高效的运营服务功能,降低和避免重大灾害带来的损失,有着重要的理论和现实意义。

塔城公路管理局为适应公路安全运营的需要,使公路养护管理从业人员对公路应急养护管理各方面知识有比较全面、系统、深入的了解,提升和增强其公路养护管理水平和应急处置能力,通过优化公路应急管理体系,对技术手段、管理行为进行总结和改善,结合养护管理实际及现代公路安全管理的成熟经验,参考国家及行业最新标准、规范编制本手册。

本手册从公路应急管理工作目标、原则、内容,应急保障体系建设,应急管理运行机制,应急养护作业标准,突发事件处置和应急管理信息化平台建设等方面构建公路安全运营的技术支撑体系,以满足深层次公路安全管理的需要。全书共分六章,第 1 章公路应急养护管理总则,介绍了公路应急养护管理工作目标、原则及内容;第 2 章公路应急保障体系,包括组织机构、应急保障基地建设、管理及技术保障、通信及信息保障等内容;第 3 章公路应急管理运行机制,分别从公路应急养护工作、公路安全预防机制、公路突发事件预警预测机制、信息发送机制、应急响应及处置机制、评估及总结机制等方面介绍;第 4 章公路应急养护作业标准,包括路基、路面、桥隧涵应急养护工作,沿线设施快速修复,冬季除冰雪等内容;第 5 章公路突发事件处置,包括水毁应急抢险工作、冬季防风雪保交通工作、隧道突发事件应急处置、公路交通事故应急处置等内容;第 6 章公路应急管理信息化平台建设,介绍了公路应急管理信息化平台建设内容、目标及规划等内容。书后附有公路雪害综合防治体系建设、2015 年度公路交通警地联合应急演练及公路巡查作业细则。

本手册适合公路养护管理人员、技术人员及其他从业人员参考使用,也可作为相关技术人员自学和培训教材。

本书的编写,得到了基层管养单位的支持,在此表示衷心的感谢。

由于编者水平有限,书中难免存在疏漏之处,敬请读者批评指正。

编　者
2021 年 10 月

目录
Contents

1

第1章 公路应急养护管理总则

　　应急管理是指政府及其他机构在突发公共事件的事前预防、事发应对、事中处置和善后管理过程中,通过建立必要的应对机制,采取一系列必要措施,保障公众生命和财产安全,促进社会和谐健康发展的有关活动。安全是公路运营的第一责任,是路网运行管理体系的关键环节。公路应急养护是指在突发状况下采取的养护措施,公路应急养护管理以及时、妥善地处置公路突发事件,最大限度地减少损失、损害和社会影响,提高公路管理部门应对风险和防范事故的能力为工作主责。为深入贯彻落实"十四五"公路养护发展规划,公路各相关机构应以公众出行需求为导向,加强公路综合服务能力建设,提升公路应急反应和处置的能力,努力构建更畅通、更安全、更智慧、更绿色的公路交通网络。

第 1 节　工 作 目 标

　　公路应急养护管理工作目标主要有:

　　①构建一个覆盖国省干线公路,层次明晰、规模适当、反应灵敏、运转高效、配置合理、保障有力的专业化公路综合养护安全服务体系。

　　②建立健全公路网监测与应急指挥体系,公路重点路段运行实时监测覆盖率达到100%,实时监督、检查路网运行管理状况。

　　③建立"统一、规范、有序"的应急管理标准化工作体系,完善应对公路突发灾害的应急抢险运行机制,加强专业队伍建设,提高应急处置能力。

　　④推进养护、应急、服务"三位一体"的开放型综合养护基地建设,优化资源配置,完成区域内应急装备物资储备中心建设,提高突发公共事件时物资保障的有效性。

　　⑤提高对突发公共事件的预防预控和预测预警水平。建立排查、预告、处置一体化的安全监督控制机制,减少重特大突发公共事件的发生。

　　⑥推进公路应急管理信息化平台建设,提高应急救援的决策效率。完善出行信息服务系统,实时发布突发公共事件的预警信息以及交通疏导信息。

第 2 节　工作原则

　　坚持"以人为本、平急结合、联动协调、高效处置"的原则,确定"预防为主、常态与非常态结合"等应急养护管理思路,针对不同的突发事件制定相应的预警、处置、评估和信息处理机制,及时、有效地预防和处置各种突发公共事件,最大限度地降低突发公共事件的负面影响,尽快恢复社会生产、生活秩序。

第 3 节　工作内容

　　公路应急养护管理体系包括应急保障、运行机制、应急养护标准、突发事件处置、信息化平台建设等内容。通过逐步建立集事前预防、主动预警、物资保障、应急演练、应急指挥、应急评估于一体的应急养护管理高效联动平台,促进应急养护管理能力的全面、稳步提高。公路应急养护管理体系如图 1-1 所示。

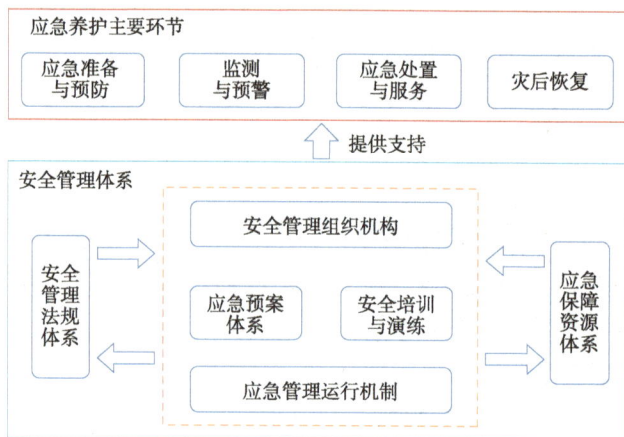

图 1-1　公路应急养护管理体系图

公路应急养护管理工作内容主要有:

　　①从组织机构、物资保障、管理制度、技术手段、应急预案、通信与信息等方面建立公路高效、可靠的应急保障体系。

　　②建立"统一指挥、反应灵敏、协调有序、运转高效"的联合预警和应急运行机制,加强对重大危险源、重要基础设施、桥梁、隧道等的预防性养护。

　　③以"管理标准化、作业标准化、服务标准化"为载体,规范公路应急养护行为,取得"达到标准、确保质量、提高工效、节约成本"的良好成效。

　　④建立完备的公路交通公共事件处置流程,结合地理信息系统、电话指挥调度系统、视频图像系统,实时、直观地呈现当前事件的状态,及时、准确地预判事件的发展趋

势,从而实现快速、高效的应急救援。

⑤建设高素质的公路应急救援队伍,能快速处置突发事件和开展应急救援。

⑥依托互联网信息技术推进智能化应急网络指挥通信技术装备、辅助决策技术装备的研制工作,开展预警、分析、评估模型研究,提高防范和处置重大公路交通突发事件的决策水平,实现路网调度和应急指挥规范化、高效化。

第2章 公路应急保障体系

为满足公路养护管理现代化发展的需求,提高应急处置能力,应积极推进养护、应急、服务"三位一体"的基地建设。通过优化养护架构和部门的分类及分工,完善设施和设备的配置,逐步建立完善的养护、应急、服务实体网络。公路应急保障体系由应急管理组织机构、应急保障基地建设、管理及技术保障、通信与信息保障等部分组成。

第 1 节 应急管理组织机构

应急管理组织机构应具备应急领导、协调、决策支持、现场指挥、资源支持和日常管理六大功能。建立健全管理单位、养护单位、应急站点三级应急联动指挥系统,形成政令畅通、信息共享、上下联动、反应迅速的公路突发事件应急救援组织管理体系。

（1）各级组织机构职责

按照"统一领导、分类管理、分级负责、条块结合、属地为主"的原则,健全公路应急管理组织机构。公路突发事件应急管理实行三级应急管理体制:一级为地区公路管理单位应急指挥中心,二级为公路养护单位应急指挥小组,三级为养护站点及应急抢险基地,如图2-1所示。

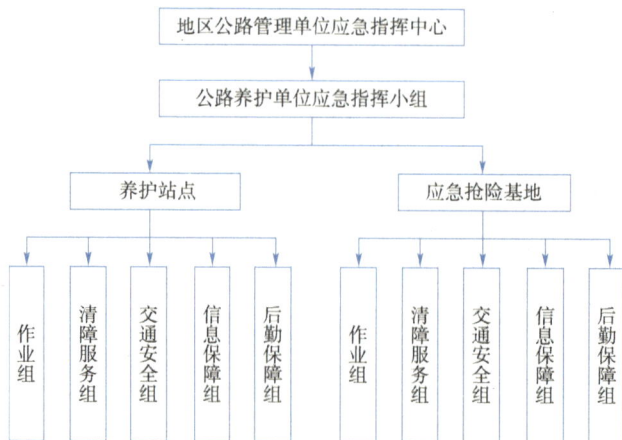

图2-1 公路应急管理三级组织机构图

公路管理单位根据实际情况,设立作业组、清障服务组、交通安全组、信息保障组、后勤保障组等专业组。明确工作职责和工作程序,建立应急处置、分工负责、检查和培训等一系列规章制度,形成"横向到边、纵向到底、齐抓共管"的应急救援工作格局。各级应急管理机构工作职责详见表2-1,各级应急管理机构现场处置工作职责详见表2-2。

各级应急管理机构工作职责　　　　　　　　　　　　　　　　　　表2-1

级别	应急管理机构	应急管理工作职责	备注
一级	地区公路管理单位应急指挥中心	负责组织起草、修订辖区公路自然灾害事件应急预案;做好本级应急预案的宣传、演练和实施工作;做好应对公路交通自然灾害事件的应急准备工作;合理规划区域内的应急保障基地建设;掌握管辖公路交通自然灾害事件动态,响应上级公路自然灾害事件预警预案和启动公路自然灾害事件Ⅲ级预警预案,并及时向上级公路主管部门报告相关情况;指导所辖分局应急指挥小组开展公路应急抢险活动;协助有关部门做好公路自然灾害事件的善后工作;配合上级部门对自然灾害事件进行调查处理;其他相关重大事项	应急指挥中心设在地区管理单位,总指挥由单位负责人担任
二级	公路养护单位应急指挥小组	依据所辖区域特点编制具有针对性的分项公路自然灾害事件应急预案;做好本级应急预案的宣传、演练和实施工作;监督、指导分局所属各应急抢险基地(站点)做好应急准备工作;掌握管辖公路交通自然灾害事件动态,响应上级公路自然灾害事件预警预案和启动公路自然灾害事件Ⅳ级预警预案,并及时向地区局应急指挥中心上报相关情况;负责辖区应急抢险人员、物资、设备的调配工作;协助有关部门做好公路自然灾害事件的善后工作;承担所辖路段公路交通突发事件相关具体事务	应急指挥小组设在所属各养护单位,组长由单位负责人担任
三级	养护站点及应急抢险基地	及时做好应急抢险基地(站点)的设备检修与维护、物资储备等应急准备工作;及时掌握应急抢险基地(站点)所辖路段的自然灾害事件的动态,并如实向分局应急指挥小组上报有关信息;做好公路巡查工作,及时掌握所辖区域路况动态,发现险情或异常及时上报分局应急指挥小组;负责公路自然灾害事件现场指挥工作;协助有关部门做好公路自然灾害事件的善后工作;其他应急抢险相关事项	应急抢险小组设在养护站点及应急抢险基地,组长由驻地负责人担任

各级应急管理机构现场处置工作职责　　　　　　　　　　　　　　表2-2

级别	应急管理机构	现场处置工作职责
一级	地区公路管理单位应急指挥中心	负责24h值班接警工作;负责检查各分局应急指挥小组应急物资、设备保障情况;负责接收、处理应急协作部门预测预警信息,跟踪了解与公路交通运输相关的突发事件;负责收集、汇总突发事件信息及应急工作组开展应急处置工作的相关信息并上报;负责各分局应急指挥小组间物资、设备调配工作,横向部门应急联动工作;承办有关应急指挥部门交办的其他工作

级别	应急管理机构	现场处置工作职责
二级	公路养护单位应急指挥小组	负责24h值班接警工作;负责应急物资采购、储备工作;负责接收、处理应急协作部门预测预警信息,跟踪了解与公路交通运输相关的突发事件;负责收集、汇总突发事件信息及应急工作组开展应急处置工作的相关信息,填报应急相关资料;根据应急领导小组和应急工作组的要求,负责应急处置的具体日常工作,统一下发应急工作文件;及时了解应急抢险现场信息,对公路突发事件的险情或严重程度、影响范围、发展趋势等做出及时的判断,并做好信息上报工作;依据公路突发事件发展状况做好横向部门应急联动工作;结合现场情况及时制定抢险工作方案,负责向应急现场传达预案启动与终止信息;承办公路管理局应急指挥中心交办的其他工作
三级	养护站点及应急抢险基地	作业组:负责抢险设备维护与检修工作;组织和协调人员进行物资的运输保障工作;负责现场机械应急抢险工作;承办应急抢险基地(站点)交办的其他工作
		清障服务组:负责为发生事故或故障的车辆提供牵引、引吊等清障施救服务,协助现场公安、交警人员撤离滞留人员,恢复交通并做好撤场安全工作
		信息保障组:负责信息采集、设备维护与检修工作;负责路况信息、气象信息采集工作,并填报应急相关资料;负责公众服务电话接警服务工作;负责信息的汇总和上报工作;承办应急抢险基地(站点)交办的其他工作
		后勤保障组:负责应急物资储备工作;负责后勤服务保障工作;承办应急抢险基地(站点)交办的其他工作
		交通安全组:负责应急抢险人员组织、协调工作;负责应急现场交通组织、协调工作;负责受困车辆、人员疏导工作;承办应急抢险基地(站点)交办的其他工作

(2)应急保障队伍的组成和建设

积极探索新形势下的应急救援模式,建立公路应急处置中心,加强应急救援队伍的建设。按照"一专多能、一队多用"的要求,充实专业骨干力量,加强人员的专业技能培训和各类应急预案的实战演练,培养造就一支精干、高效的应急救援专业队伍。

①应急保障队伍的组成。

综合养护站点应急保障队伍由日常养护类、专业类和应急保通类组成,如图2-2所示。根据"日常养护预防化、常态化,应急保障时效化、高效化"的原则,建立专业化的养护、应急班组。

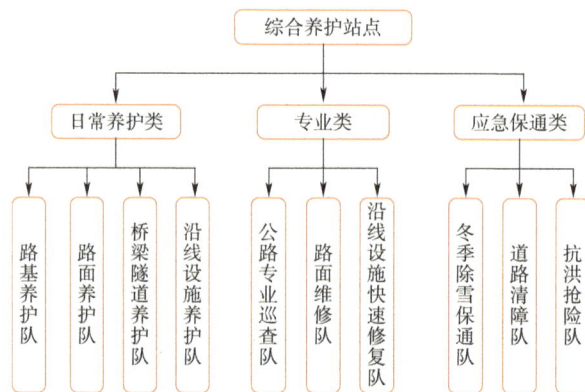

图2-2 综合养护站点应急保障队伍组成

应急保障队伍的人员构成按其作业性质包括管理人员、应急班组、专业人员等。管理人员在执行应急保障任务过程中负责组织、指挥、协调、管理、后勤保障工作,并参与应急救援和善后处置等事宜;应急班组负责执行管理人员下达的养护作业任务;专业人员在应急处置任务执行过程中负责各专业设备、人员与物资的防护工作。

②应急保障队伍的建设。

建立应急救援队伍花名册,由综合养护站点组建应急保通抢险队伍。严格落实 24h 值班和领导带班制度,保证在出现险情时能迅速投入作业。加强对应急救援队伍的业务培训,通过开展形式多样的岗位练兵、技术比武、技能竞赛活动,提高队伍的业务技能和综合素质;通过开展应急演练(图 2-3)及在应急抢险过程中积累经验,使队伍训练有素、动员快、反应快、专业性强。

a) 冬季应急抢险演练　　　　　　　　　　b) 钢架桥架设演练

图 2-3　应急救援队伍应急演练

第 2 节　应急保障基地建设

按照应急保障扁平化管理的要求,以养护站点和应急抢险基地为依托,整合资源、优化配置,建立若干个应急装备、物资储备点,形成养护单位、养护站点(应急抢险基地)两级公路交通应急物资储备体系。

(1)综合养护站点

公路综合养护站点为国省干线公路养护和应急工作服务,以储备公路养护、应急物资和设备为重点,平时进行公路日常养护,应急时承担公路抢修保通和保障运输安全任务,并面向公众承担救援支持、排障、交通信息服务任务,是养护、应急、服务"三位一体"的综合养护服务机构。

①综合养护站点建设原则。

综合养护站点建设如图 2-4 所示。综合养护站点建设原则如下:

一是统筹规划,合理布局。实现均衡分布、分片负责、有效衔接,按照辐射范围对重点路段进行重点保障。

<table>
<tr><td>a) 铁厂沟沿线设施修复工间</td><td>b) 养护工区物资储备</td></tr>
</table>

图2-4　综合养护站点建设

二是整合资源,优化结构。利用现有交通养护场地、设施,对资源进行优化整合;合理评估站点养护能力,确定覆盖区域的范围。

三是平急结合,突出应急。保证应急抢险中心24h全天候出动,实现在一般灾害情况下公路应急救援2h内到达、公路应急抢通24h内完成的目标。

②综合养护站点分类。

综合养护站点按功能组合分为一类综合性养护中心、二类骨干养护站和三类单一型基地(站点)三个类别,一类、二类共同构成公路养护的骨架体系,三类是对骨架体系的有效补充,起延伸、覆盖作用。

一类综合性养护中心:区域内公路养护中心,具有公路养护、应急、公众服务功能,属于综合型养护管理机构,主要为所辖区域提供机械化养护、快速应急养护和综合服务。

二类骨干养护站:承担所辖区域内机械化养护、快速应急养护等工作。

三类单一型基地(站点):主要为所辖区域提供单一性功能服务,是一类、二类养护机构的补充,主要作用是强化区域内某项功能。

③综合养护站点功能区布局。

依据公路网结构特点、所处地域特征等,拓展公路养护管理机构的外延。合理进行场地规划,实现功能分区,按照办公楼、养护车辆停放处、应急车辆停放处、应急物资仓库、沥青拌和设备区及养护材料储备区、试验检测区等划分区域。

④综合养护站点功能。

综合养护站点应具备下列功能:

一是对路基、路面、桥涵、隧道以及沿线设施进行全面养护,及时、有效地修复道路损坏的部分,保障公路行车安全、畅通。

二是应具备存储和集散功能,能快速处置和应对公路突发事件,为公路应急救援处置提供有力保障和支持。

三是提供物资和设备存放、旅途休憩、车辆故障应急修复、办公生活等相关服务,满足公众出行的需求。

(2)机械设备

①机械设备配置。

按照养护、应急、服务"三位一体"的功能设置要求,综合养护站点根据不同的功能内容,合理划分工作项目,完善机械设备作业配置及管理,逐步实现机械养护作业的专业化。

公路养护机械设备正朝着综合化、多功能、可靠性强、操作方便等方向发展。机械设备应遵守可行性、系统性的原则,依据机械特点和养护需求系统配置,如图 2-5 所示。

a)

b)

图 2-5　公路应急抢险基地机械设备配置

进行机械设备配置时,要从以下几方面考虑:机械设备的技术质量指标、对养护工作的适应性、机械设备的经济性和协调性。综合养护站点任务分解机械设备配置需求详见表 2-3,机械设备配置参照表 2-4。

综合养护站点任务分解机械设备配置需求表　　　　　　　表 2-3

规划内容	项　目	机械设备配置需求
养护	路面病害机械化维修	配备热拌混合料生产设备
		配备冷补材料拌和生产设备
		配备路面机械化铣刨、摊铺、碾压设备
	机械化保洁	配备路面机械化保洁设备
		配备沿线设施机械化保洁设备
应急	路面排障工作	配备路面清障车、拖车、起重设备等
	冬季保通	配备先进机械化除雪设备
	夏季防汛	配备先进土石方工程机械

机械设备配置参照表　　　　　　　表 2-4

序　号	养护项目	养护机械分类	机　械　配　置
1	路面	保洁类	路面清扫车
2		维修类	水稳拌和楼、沥青拌和楼、沥青拌和机、水稳摊铺机、沥青摊铺机、轮胎压路机、振动压路机、平地机、轮式挖掘机、装载机、平板夯、洒水车、铣刨机、沥青路面灌缝机、沥青同步碎石封层车
3	交通安全设施	标线类	旧线清除机、液压双缸热熔釜、热熔手推划线机、凸起振动标线机、手推车载两用冷喷划线机、常温标线机、热熔反应机、热熔手推车、座驾式热熔标线机、自行式划线车、车载划线机、斑马线机、低油机、减速机、拖地刀、风机

续上表

序　　号	养护项目	养护机械分类	机　械　配　置
4	交通安全设施	波形梁护栏维修	护栏板校直机、护栏板修复机、四柱液压机、等离子切割机、液压扩张器、立式钻床、台式钻床、DB4325锯床、车载式打拔桩机、液压打拔桩机
5		标志标牌	剪板机、折弯机、电脑刻字机、电动切纹机、切圆机、水磨机、清洗机、气铆枪、搅拌机、高空作业车
6	桥梁维修养护	检测类	桥梁检测车、望远镜、裂缝测宽仪、裂缝测深仪、游标卡尺、回弹仪、钢筋保护层测试仪、超声波探伤仪、梁板钢筋锈蚀探测仪、铝合金梯架等
7		养护类	裂缝修补工具、切割机、角磨机、鼓风机、混凝土拌和机及小型机具等
8	综合类		发电机、发电机组、潜水泵、起步充电机、叉车、喷涂机、柴油机、内燃弧焊机、切割机、电焊机、变压器、电控门、升降机、电焊发电两用机组、米加尼克焊机、自卸汽车、轻型小货车、轻型小卡车、工程车、轻型自卸汽车等

　　②机械设备管理。

　　为保证公路养护机械设备的良好运行,规范公路养护应急管理和作业行为,应针对不同的养护作业任务,制定一系列配套的机械作业规程和机械设备调用制度、维修与维护制度等,确保机械设备安全运行。

　　针对冬季、春夏秋季养护特点及突发事件、灾害类型,建立机械设备配置、租赁及调配的电子台账和布设方案、分布及摆放规划图,并定期填报、动态更新。

　　③机械设备维护。

　　建立机械设备技术档案,及时了解和掌握机械的技术状况。机械设备管理单位负责保障储备机械处于良好的技术状况,并强化机械设备的日常维修与维护工作。

　　a.建立机械设备技术档案,包括原机技术文件、交接单、运转记录、维修记录。做好机械设备的原始记录和统计资料的积累,及时、准确地反映机械设备管理情况。

　　b.在冬季来临之前,必须将除雪机械、设备维修好,并储备必要的配件。每年9月前,除雪单位应确定救援修理站点,在短时间内解决除雪过程中的突发问题和开展救援工作。每次除雪后,应立即对机械设备进行维护、修理,以备下次使用。

　　c.机械设备备件管理。机械设备备件包括配件性备件、设备性备件、材料性备件和零配件、易损件。配件性备件是指主要设备(主机和辅机)的零部件。设备性备件是指除主机以外的其他重要设备。材料性备件是指主机设备事故抢修时和加工配件备件时所需的特殊材料。零配件、易损件是指设备正常运行中的易损件和正常检修中所需的特殊零部件。

　　库存备件必须按照统一编号和统一名称,分机型、分类别建账,根据进、出库单据及时登记入账,以保证账、物、卡相符。备件入库后要分机型、分品种整齐放置于零件架上,并需附有明细登记卡。要经常检查备件的防锈情况,防止备件锈蚀,减少自然损耗。备件维护具体规定如下：

Ⅰ.备件应按型号、部位、理化性能和技术要求分别妥善放置；

Ⅱ.有保管期限的备件应加标记，标明进货时间和保管期限，并在到期前发出或处理；

Ⅲ.对金属零件的精加工表面应严加保护；

Ⅳ.对保管的备件应加强维护，发现包装破损、油脂脱落、腐蚀生锈等现象应启封、清洗、除锈和重新包装，除锈时要保证不影响备件的质量；

Ⅴ.对一些精密仪表、电器配件等应采取适当的办法，进行密封保管。

（3）应急物资

①应急物资储备原则。

一是统筹协调、相互调剂原则。应急材料储备工作要以公路养护单位为主。当发生突发事件时，在防灾应急工作领导小组的领导下，迅速调配，共享资源。

二是预防为主、防治结合原则。应急材料的储备数量要与各单位管辖的路线、长度、公路灾害路段位置等相匹配，并结合各管养路段的实际情况，针对经常发生的水毁、雪阻灾害路段确定储备材料的种类。

三是明确责任、各负其责原则。管理单位负责处置较大和一般的突发事件，养护单位主要建立与之相对应的材料应急储备体系。

②应急物资分类。

应急物资主要包括抢通物资和救援物资两类。抢通物资主要包括沥青、碎石、砂石、水泥、钢桥、钢板、木材、编织袋、融雪剂、防滑料、油料等。救援物资包括方便食品、饮水、防护衣物及装备、医药、照明、帐篷、燃料、安全标志、车辆防护器材及常用维修工具、应急救援车辆等。

③应急物资储备布设要求。

防洪抢险工作期为每年的4月至9月中旬，冬季除雪保通工作期为每年的10月初至次年的3月中旬。

春夏季防洪抢险材料储备布设要求：根据各养护单位分布位置、沿线气候特征及管养路线特点，确定春夏季公路抢险应急物资储备站点。储备水毁、塌方、泥石流等公路灾害发生时应急抢险所需的铅丝笼、草袋、铁锹、雨衣、雨鞋等物资，对于重点物资应提前落实供应地点，保证应急抢险时供货渠道畅通。

冬季防风雪保交通应急材料储备布设要求：应急材料主要以防滑砂和融雪剂为主，防滑砂应根据管养路线的坡度和急弯陡坡路段的行驶状况分别布设。在机械布置点储备必要的冷补料、融雪剂、易损配件、油料以及生活救援物资等。准备充足的人工除雪工具及符合规范要求的除雪作业标志和示警灯。防风雪抢险基地要储备一定数量的柴油、各类副油、生活用煤及食品等物资。

④应急物资储备管理。

应急物资储备管理应做到规范化、动态化、制度化，制定采购、储存、更新、调拨、回收各个工作环节的流程和规范,建立定期填报、动态更新和物资调用制度。储备记录应包括地址,负责人和保管人及联系方式,规章管理制度,物资类型、数量、质量,日常供应应急物资的企事业名录、种类、联系人等。配备必要的医疗卫生和应急救援装备,明确其类型、数量、性能和存放位置,建立相应的维护和调用制度。对储备物资实行封闭式管理,专库存储、专人负责。应急物资储备管理措施详见表2-5。

应急物资储备管理措施

表2-5

管理项目	应急物资储备管理措施
机运管理	负责公路应急材料的运输和保管
财务管理	负责抢险救灾材料及装备器材品种、数量、资金的审核、拨付,同时建立突发事件应急资金快速拨付制度
日常管理	应急材料由养护单位应急部门通过建立相应的储备材料管理制度自行管理
数据管理	养护单位建立物资储备和消耗台账,及时掌握物资的使用情况,及时补充已消耗的物资
调度管理	应急材料调用依据"先近后远、满足急需、先主后次"的原则进行。一般情况下,由养护单位自行制定调用制度,若有需要由应急指挥中心统一处置事项,由养护单位提出调用需求,管理单位应急物资储备工作领导小组调用应急材料
抢险保通工作检查落实	汛期和冬季来临前,管理单位对重要路段的应急物资储备、设备配置情况进行检查,下发检查结果,如因工作不到位或人为原因出现差错,造成事故和损失的,将追究相关负责人及工作人员的责任

第 3 节　管理及技术保障

(1)管理及技术保障体系

各级公路管养部门应积极探索应急管理模式,依托公路监控中心建立公路指挥调度中枢,推进管理制度、养护作业、过程控制标准化,建立应急管理标准化体系,包括公路应急管理制度体系和应急管理技术保障体系。

①公路应急管理制度体系。

针对公路应急保障机制、预警预测、应急联动机制、应急养护快速修复、应急指挥中心及信息化建设等方面的内容,合理设置符合实际和规范的应急管理标准、要求。运用质量管理、流程再造、绩效评价等管理工具从公路巡查、应急信息收集与传递、应急处置等方面,制定一个整体的、相互联动的制度体系。

②应急管理技术保障体系。

采用先进的监测、预警、指挥等技术手段,做好重点路段和关键节点的监控预测,为公路应急处置提供技术支撑。

在遵循国家、行业法律法规的前提下,加强应急技术储备和应急处置的经验总结,建立应急养护项目备件库、技术标准,并通过实践来检验其适用性。

　　采用日常巡查、定期巡查和专项巡查等方式,及时发现公路病害,并采取有效措施进行处治,保证公路及其附属设施的正常使用。

　　分级建立应急管理工作技术档案(表 2-6)和数据库,定期更新和归档,以规范和指导养护作业。

应急管理工作技术档案内容　　　　　　　　　　表 2-6

项目分类	表格名称	编制单位		
		作业单位	养护单位	管理单位
前期工作	应急管理专项预案	√	√	√
	灾害危险路段基本信息表	√	√	√
	冬季养护计划	√	√	√
	应急物资储备表	√	√	√
	桥梁涵洞隐患排查		√	√
	交通设施安全隐患排查		√	√
公路巡查	公路巡查相关制度			√
	公路巡查记录表	√	√	
	电子信息化	√	√	√
应急处置	养护作业任务通知单(巡查)		√	
	养护作业单位生产施工记录表	√	√	
	机械使用记录表	√	√	
	公路波形梁护栏维修验收统计表	√	√	
	应急养护工作验收汇总表	√	√	
	冬季除雪周报、月报表	√	√	
信息上报	交通阻断信息表	√	√	√
	抢险报告	√	√	√
	灾害事件处置统计表	√	√	√
抢险修复	相关文件、设计、预决算等			√
	实施过程资料		√	√
	总结报告		√	√

　　(2)应急预案管理

　　应急预案管理是全面推进应急管理工作的有效抓手。通过明确各类突发事件的应急措施和手段,做好事前的物资储备,提高应对突发事件的主动性和反应速度。

　　①应急预案体系。

　　应急预案体系包括总体应急预案和专项预案两个层次:

　　a.总体应急预案从总体上阐述应急方针、应急组织结构及相应职责、应急救援行动的总体思路等。

　　b.专项预案是针对某种具体的、特定类型的紧急状况而制定的,充分考虑了某特定事件的特点,对应急管理、组织机构、应急行动等制定更具体的规范,具有较强的针对性。

　　公路管养部门应结合实际,科学分类,建立并完善以"1＋N＋1"(即1个总体应急预案、若干个专项预案和1个补充预案)为主体框架的应急预案体系(图2-6)。

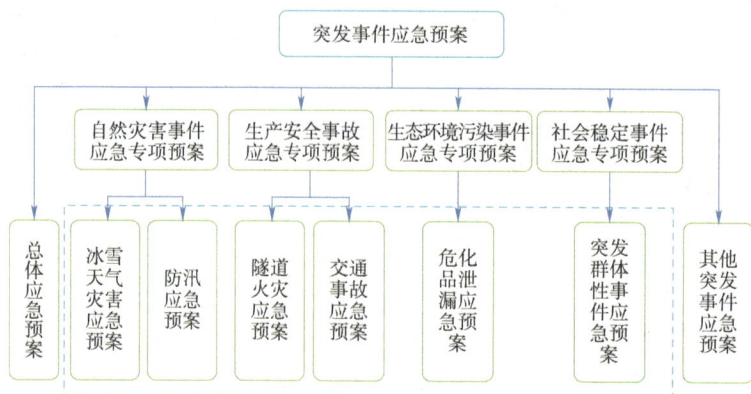

图2-6　应急预案体系

②应急预案的编制。

　　明确应急预案的目的、对象、适用范围和编制条件,必要时可根据公路自然灾害事件制定分项应急预案,增强预案的针对性、可操作性。审核后的预案是应急预警及处置的指导依据。其中,需要对预案文本进行结构化处理的有:组织结构、预警信息及预防措施、响应条件、处置措施、物资计划清单、交通疏导和人员疏散办法、设备控制等。应急预案结构化组成如图2-7所示。

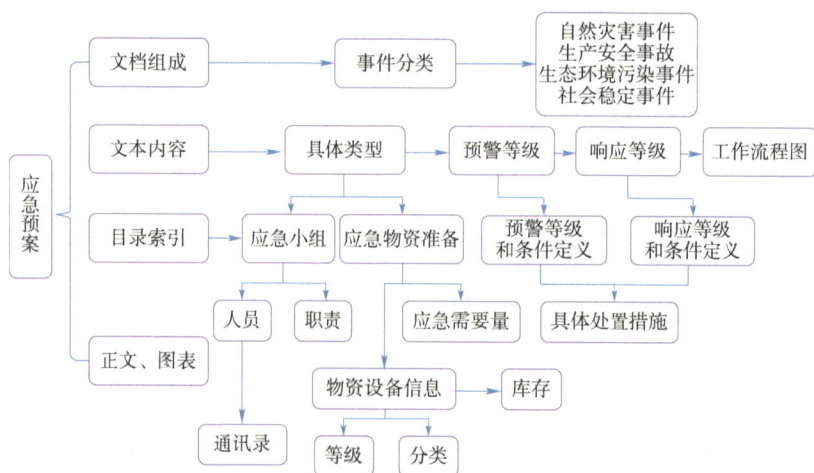

图2-7　应急预案结构化组成图

　　对应急预案进行分类、分级管理,并进行登记、结构化处理与审核管理,以实现应急预案管理的标准化。应急预案的编制流程详见表2-7。

应急预案的编制流程　　　　　　　　　　　　　　　　　　表2-7

编制流程	考虑因素及编制要求
明确预案的定位	使用者——谁来使用 使用条件——针对什么情况使用 使用范围——在什么事权范围内使用
厘清应急预案体系	体系构成——完整的预案体系包括什么 层次划分——预案体系的层次如何划分 预案在整个预案体系中的地位
完善预案的系统性	符合总体应急预案的编制框架,规范预案框架结构以保证其完整性 体现交通应急保障的工作流程与职责分工 体现与其他部门、地方预案和专项预案的衔接
编制专项应急预案	需考虑易发生灾害路段的实际情况,管辖单位物资、设备、人员情况及实际应急处置能力,并总结以往的成功经验等
编制应急处置预案	要根据不同种类事件,针对应急处置各个环节制定包括执行主体、时间、地点、任务、步骤等要素在内的操作说明,实现应急程序规范化
预案的审核和发布	先由工作小组进行内部审核,确保预案的完整与准确,再送交上级主管部门审核

③公路应急预案体系的完善。

一是加强对应急处置预案的审核。使应急处置预案与总体应急预案上下衔接,形成统分结合的预案体系。

二是提高预案的科学性。科学地制定公路交通突发事件的预测预警分级标准、预警和响应流程、联动协调机制、应急保障队伍及物资和装备的布局等。

三是增强应急预案的可操作性和可执行性。明确应急处置各个阶段中各部门和人员的职责与相互关系及行动策略,解决部门之间沟通不畅、职责不明的问题。针对不同路段、不同事件类型,实施相应的应急处置措施。

四是完善应急响应程序,达到标准化要求。总体应急预案应明确应急预警、响应的分级处置标准,规范应急响应的程序和工作流程,以达到规范化、标准化要求。

（3）"一网六库"建设

"一网"就是应急管理工作联络网。通过建立应急工作组织体系、管理机构和工作机制,与市、县两级政府应急办和周围应急单位联络,并且与公安、医疗、消防等单位签订应急联动协议书,建立完善的应急管理工作联络网。

"六库"建设包括以下内容：

①预案手册库建设。在编制预案的基础上,通过预案演练与实际处置检验预案的可行性,对不完善的预案进行修订。

②应急队伍库建设。成立除雪防滑、防汛抢险、防震抗灾、清障救援、公路巡查等专业应急队伍,详细记录其数量、出动能力、类型和特点等基本情况,组建横向到边、纵向到底、囊括周边的应急队伍库。

③应急物资储备库建设。以60km为一个管理单元,按照自下而上的顺序,对应急保障物资的数量、质量、位置、用途、负责人、联系方式等要素进行摸底,建立应急物资储备库,确保充足的应急物资、设备、食品及工具供给。

④应急专家库建设。为获得更广泛的应急技术支持，除动员内部技术人员外，还应在公共管理与公共政策、自然灾害、事故灾难、公共卫生和社会相关领域内，聘请有关专家，组成应急管理专家组，加强应急处置保障工作。

⑤隐患动态数据库建设。对辖区所涉及的安全隐患建立动态数据库，明确隐患的危害方式、分割途径和相应的控制措施，并适时更新数据。

⑥典型案例库建设。建立公路区域内典型案例和社会其他案例库，适时对库中的案例进行评估、分析，为有效处置突发事件提供参考和可借鉴的经验。

第 4 节　通信与信息保障

（1）建立应急管理信息化平台

加大对信息化的投入。依托"互联网＋公路养护"，将信息化技术融入公路应急管理中，建立高效、统一的应急指挥信息平台，实现应急信息资源共享，及时、有效地引导交通和提供出行服务。

建立和完善应急管理信息数据库，包括：各类应急预案，与应急管理相关的法规、规章、政策和相关知识；应急保障队伍及其装备信息、应急物资储备信息、与应急管理有关的机构和部门的职责及其通讯录信息、咨询专家信息；应急统计与决策信息数据库、基于全球卫星定位和地理信息系统（Geographic Information System，GIS）的应急监控和调度信息数据库等。

（2）建立监控监测及出行服务系统

监控监测和通信技术是完成社会协调、计划管理、生产指挥、安全防护、故障排除以及应急指挥等工作的重要技术手段。依托公路监控系统建立监管部门、养护部门、管理部门三级公路网监测与应急指挥体系，应用互联网信息技术，监视、监测、控制公路的运行状况。基于公路上设置的遥控摄像机、沿线应急电话、自动气象站、电子大屏等设备构建出行信息服务系统，建立包括信息收集、传递、报送、发布等各个环节的出行信息发布网络（图2-8）。

图2-8　公路监控中心及出行信息发布系统

第3章　公路应急管理运行机制

公路应急管理运行机制是指公路管理部门针对突发事件(包括自然灾害、交通事故、治安刑事案件、恐怖事件、群体性事件、公共卫生事件等影响公路网正常运作的事件)制定应急预案,各部门及时开展安全防控工作,识别和监测风险源,在灾害发生后,快速、高效、及时、有序地做好救援工作,最大限度地降低损失。公路应急管理包括灾害前、灾害发生时和灾害后三个阶段,其运行机制按照工作流程分为公路安全预防机制、公路突发事件预警预测机制、信息发送机制、应急响应及处置机制、评估及总结机制等,如图 3-1 所示。

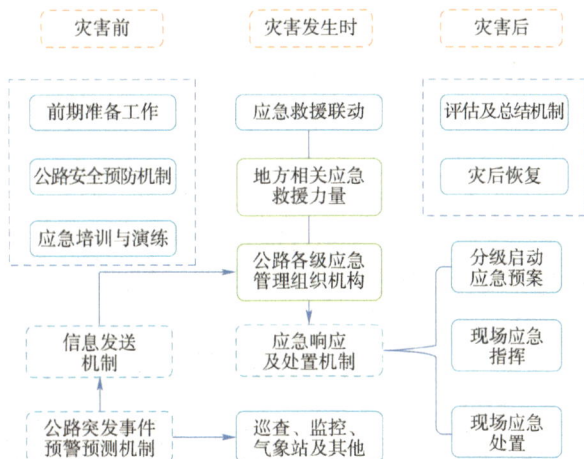

图 3-1　公路应急管理运行机制

第 1 节　公路应急养护工作

(1)工作内容

通过公路巡查、监控设备监测、交通运输综合执法等方式发现公路病害,根据采集信息的特点,公路应急养护工作可分为以下三种类型:

一级及时应对类型:巡道人员能够现场处置,及时上报需要维修或抢修的信息;

二级日常养护类型:巡道人员不能现场处置的维修或抢修作业;

三级突发事件类型:主要指由自然灾害引起的公路灾情的应急处置,包括风吹雪灾害严重路段的防风雪保交通工作。

三种类型的公路应急养护工作主要内容及处置措施详见表3-1。

公路应急养护工作主要内容及处置措施   表3-1

应急养护类型	应急养护工作主要内容	处置措施	
		现场处理	应急处置
一级及时应对	路面障碍物及杂物、路面积水及翻浆病害、桥涵断板、水毁、边坡滑塌、山体碎石滑落等	摆放临时警告标志	及时清除路面障碍物,上报信息
二级日常养护	挡墙、防护网等变形移位,路肩边坡的冲沟、塌方、坍塌,桥面板断裂、墩台及桥面板超限裂缝,失稳型车辙,路面大面积坑槽、翻浆等,沿线设施(隔离栅、护栏等)局部损坏,冬季中小雪	摆放临时警告标志、上报信息	现场复核情况,下发"养护作业任务通知单",及时处治修复公路病害
三级突发事件	大风、浓雾、暴风雪、暴雨、冰冻、沙尘暴、雪崩、洪水、山体崩塌、滑坡、泥石流、地震等气象、地质原因引起的公路灾情	摆放临时警告标志、上报信息	现场复核情况,下发"养护作业任务通知单",及时处治修复公路病害
	冬季风吹雪灾害严重路段的防风雪保交通工作	封闭交通、上报信息	"以雪为令、快速反应",根据"机械为主、人工为辅、先通后净"的原则组织抢险保通工作

（2）公路巡查

公路巡查是最直接的公路状况获取手段,能够及时发现公路及其附属设施的病害及损坏状况,并做出判断和处理,为制定应急养护对策提供支持（图3-2）。公路巡查分为日常巡查、夜间巡查、定期巡查、特殊巡查和专项巡查。

a)   b)

图3-2 公路巡查作业

日常巡查:按照规定的频率巡查,及时收集道路路况信息,对突发事件或灾害情况进行记录,迅速上报应急指挥中心。

夜间巡查:按照夜间巡道频率检查公路沿线交通安全设施的反光效果是否良好。

定期巡查:对路基、路面、桥涵隧道、交通安全设施、附属设施等进行深入、细致的检查,同时也对其技术状况和使用品质进行全面评定。

特殊巡查:在雨雪、大风、大雾、严重冰冻等特殊天气,对可能影响公路正常使用或妨碍公路正常通行的灾害或突发事件进行巡查,做好相关记录。发现灾害事件应及时向所属应急指挥中心上报灾害类型、发生路段、危害程度、发展趋势等。

专项巡查:指根据日常巡查、定期巡查结果,针对某些数量较多或较严重病害,需做详细检查以进一步查明情况。

公路管养部门应依据公路巡查制度规定进行公路巡查,及时掌握、传递公路各组成部分的动态信息。根据公路应急养护工作分类情况,及时处理现场公路病害;现场不能处理时,须在现场采取安全保障措施并在30min内上报生产办公室。公路巡查作业流程如图3-3所示。

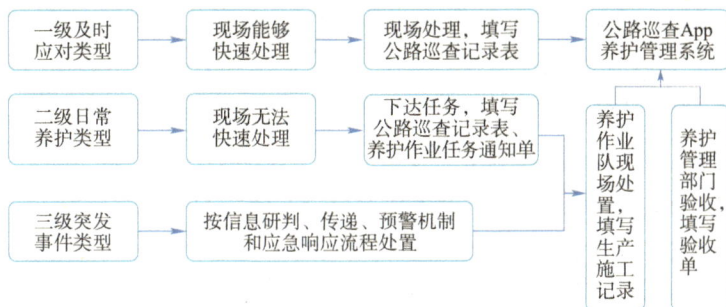

图3-3　公路巡查作业流程

(3)工作流程

生产办公室在接到公路巡查信息后对公路病害及时进行判断与处理。

一级及时应对类型:技术员须在30min内通知养护作业队,采取措施及时对病害进行处治。

二级日常养护类型:技术负责人及时下发"养护作业任务通知单",组织养护作业队实施。

三级突发事件类型:应采取道路安全保障临时措施;采取相应的抢险措施,按照应急响应流程进行处置。养护管理部门根据病害的大小、严重程度安排修复计划或上报,较大的险情灾害应在当天上报灾害情况,大型或特大型的灾害应每日上报灾情的相关信息,处置后及时编制抢险预(决)算并上报主管部门。应急养护工作流程如图3-4所示。

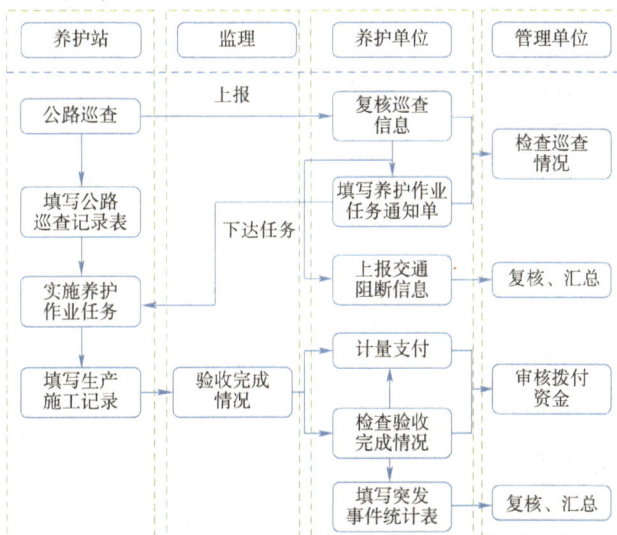

图3-4　应急养护工作流程图

第 2 节　公路安全预防机制

　　完善的公路安全预防机制能够有效提高公路的抗灾害能力，前期的公路安全预防机制、风险评估机制、预警系统和灾害防御计划对于确保道路畅通非常重要。

　　（1）前期准备工作

　　建立并完善应急预案、值班及防灾抢险报告制度，做好设备检修、物资储备台账，尽可能缩短救援时间，确保公众生命和财产安全。

　　①准备档案资料。整理好每条线路影响行车安全的病害易发部位、结构的档案资料，以应对突发病害。

　　②储备物资。根据季节特点储备充足的生产用应急物资以及生活用品、食品、常用药品、防寒用品、除雪作业安全标志、示警灯具等。

　　③机械维护。结合管养路段实际情况，对公路机械设备进行合理的配置。保持机械设备完好，设备的安全防护装置齐全、可靠。

　　（2）公路安全预防措施

　　通过监控系统（视频、情报板、各种检测器等）提供基于空间的信息系统与人相结合的全方位的预防管理，对隧道、桥梁、高边坡、加油站、服务区、长坡、急弯等重点危险源进行识别、监测和检查，做到防患于未然。

　　做好针对公路水毁、冰雪灾害、火灾、交通事故等突发事件的预防措施。对可能发生的重大事件信息及时进行分析和论证，提出处置方案，有计划地开展隐患排查工作。重点做好公路、桥梁、隧道、交通战备保障线路和防汛养护路段的经常性检查、定期检查和特殊检查。公路安全预防措施如图3-5所示。公路应急养护预防措施详见表3-2。

a) 检测桥梁　　　　　　　　　b) 检测隧道机电设施

c) 增设边坡泄水槽　　　　　　d) 桥梁进出口填土

图3-5　公路安全预防措施

公路应急养护预防措施　　　　　　　　　　　　　　　　　　　表 3-2

序号	分　类	应急预防措施
1	高危灾害路段管理	开展高危灾害路段的调查工作,重点调查桥梁、隧道、涵洞、急弯、陡坡、路侧险要地段、视距不良地段、地质灾害频发路段等重要部位,并做好调查数据的建档工作
2	养护预防	对可能因自然灾害造成道路损害或阻断交通的路段进行详细调研,提出预防方案,并安排组织实施;强化预防性、周期性、经常性养护,及时采取防范性措施消除隐患
3	提高交通抗灾能力	提高结构物的抗震能力、抗冲刷能力;提高路面的抗冰、抗暴雨、防滑能力;加强桥梁、高危边坡、隧道的定期观测和检查;完善交通安全设施的定期安全性评价制度;抓好建设项目的强制性安全检查和防范工作;严格执行运输车辆的安全性检查

①公路水毁的预防。

水毁是公路遭受洪水破坏的一种自然灾害。针对公路水毁,应遵循"预防为主、防治结合、标本兼治"的基本原则认真预防,防患于未然。公路水毁预防措施详见表 3-3。

公路水毁预防措施　　　　　　　　　　　　　　　　　　　表 3-3

养护工作	预防措施
建立水毁灾害隐患定期排查制度	建立分级、分类管理制度,有关职能部门应加强汇总分析,建立数据库。养护基层单位应经常性开展水毁灾害隐患排查工作,全面掌握、准确判断事件发生态势,加强监测、预警措施
检查公路桥梁主体结构物及附属结构物	要求保持桥梁基础附近的河床稳定,并适时对其疏通,每次洪水过后要及时采取防冲刷措施
与气象部门、水文部门密切联系,及时掌握气候情况和本地汛情	在雨季来临前对沿线各部分进行认真检查,将需治理项目编入养护计划,及时上报,并在洪水发生前付诸实施。同时应注意积累和保存观测资料,作为今后公路大、中修和采取加固措施的依据
日常养护时在雨季来临之前做好防护工作	对边坡不稳定的地方要加强防护,对排水构造物,如边沟、截水沟、排水沟等要保证水流畅通,要检查浆砌块石护坡泄水孔是否通畅,要提前修补路面龟裂、坑槽等

②公路塌方的预防。

在阴雨季节及大风、暴雨、特殊地震灾害发生时,应加大日常巡查频率,及时查看险情,以便适时采取措施。在日常养护工作中应注意疏通地面水、地下水,以增加山体层的摩阻力,消除公路塌方诱因。

巡查中应注意的地段:坡面不平整,岩体结构面处于不利位置,高路堤地段,节理发育、岩体被割裂成倾向的山坡,软硬岩石的互层,岩体为断层破碎带或接触带,大爆破开挖的山坡,岩块风化剥落形成上下层密度不均匀的山坡。

③冬季冰雪灾害的预防。

养护单位在冬季来临前,应做好防滑、防冻准备工作,加强公路巡查和气象数据采集,及时获取大雾、冰雪等恶劣天气信息,以便当路面结冰、积雪时,及时清除,确保公路畅通。公路冬季养护措施见图3-6。公路设施冬季养护预防工作详见表3-4。

a) 维修护栏

b) 储备防滑砂

图3-6 公路冬季养护措施

公路设施冬季养护预防工作 表3-4

项　　目	工　作　内　容
路基	清除雪阻路段路基两侧可能造成积雪或影响机械清雪的障碍物
桥涵	检查维修桥梁伸缩缝,以免影响机械除雪作业
	对撒融雪剂路段的桥涵及混凝土构造物做好防腐处理
交通安全设施	对公路交通安全标志特别是视线诱导标、轮廓标等进行排查,维修、更换损坏的交通安全标志,保证标志完整、清晰、醒目
	增设醒目的临时冬季安全警示标志
防风雪设施	检修加固防雪栅栏、导风板、防雪墙等公路防风雪设施
急弯、陡坡路段	在公路急弯、陡坡路段的两侧堆放一定数量的防滑材料
电子显示屏	确保信息咨询系统及沿线电子显示屏处于完好状态

（3）应急培训与演练

制订并组织落实应急培训与演练计划,实现应急培训和演练的长期化、制度化。提高应急运输保障人员的素质,培养一支责任心强、懂业务、熟悉相关政策和法规的应急保障队伍,从业人员每年应至少接受一次相关知识的培训。

①公路应急管理培训。

a. 培训目的。

由于突发事件具有偶然性、不确定性和超常规性等特征,故应急管理的环节、程序和处置技术不同于日常养护管理活动,应通过平时的宣传与培训工作,提升应急管理从业人员的专业知识和技能,提高其应急抢险保障能力,确保应急响应职责明确、反应迅速、行动有效。

b. 培训的主要内容。

培训的主要内容包括应急预案培训,应急基本知识与技术培训,应急自救与互救基本知识与技能培训,应急器材使用培训,应急预案编制、评价与修订方法要点培训,事故安全培训,应急演练与响应总结培训等。

c.专业人员培训内容。

现场指挥人员培训内容包括应急体系及组织、职责培训,应急指挥、组织技能培训等。

施工现场人员培训内容包括异常或紧急情况下应急处置技能培训,应急设备、器材的使用技能培训,自救与互救基本知识培训,报告与报警方法培训。

应急救援、救护人员培训内容包括应急设备、器材使用技能培训,应急救护技能培训,应急抢险中的自我防护技能培训。

②公路应急演练机制。

应急演练是对预案合理性的事前检验,有利于提高人员的心理素质和应急保障能力,主要达到检验预案、完善准备、锻炼队伍、磨合机制、科学教育的目的。

应急演练分为演习准备、演习实施和演习总结三个阶段,主要内容包括制订演练计划、设计演练方案、演练启动、演练执行、演练终止、演练评估。

应急演练从组织形式上分为桌面演练和实战演练;从内容上分为单项演练和综合演练;从目的和作用上分为检验性演练、示范性演练、研究性演练。

(4)养护作业安全防护

公路的交通流和复杂的现场作业环境造成公路养护作业的高风险性。因此在公路养护维修工程施工作业时,上路作业人员必须穿标志服,机械设备均应有明显的安全标志,作业前应严格按照《公路养护安全作业规程》(JTG H30—2015)、《道路交通标志和标线　第4部分:作业区》(GB 5768.4—2017)布设安全标志,确保作业人员、设备及过往车辆安全。养护作业分为施工作业、流动作业、夜间作业等,其安全要求详见表3-5。

养护作业的安全要求　　　　　　　　　　　　　表3-5

作业分类	安全要求
施工作业	必须按照相关交通安全及安全生产的法律、法规设置作业区。除流动作业外,进行日常养护必须在作业现场划定作业区,制定安全作业方案,设置相应的安全人员和标志,以确保作业期间的交通安全
流动作业	在道路上进行不能划定作业区的流动作业时,可以在路段上设置可移动的作业标志。现场应设负责人,作业人员不能随意走出封闭区,长、大设备设专人管理
夜间作业	凡夜间不能撤离的封闭区,安全标志反光性能应满足夜间安全设施布置的要求,看护人员应在作业区末端或路外休息、观察、巡视,避免因作业面压缩车流,车辆驶入作业区而造成伤害
不良天气作业	遇雨、雪、雾等视线不良天气时,应停止作业(除雪作业除外)
材料设备运输	养护维修需要进行材料、设备运输时,应严格遵守交通法规和公路管理办法,不得随意停车、掉头、逆行或不按规定使用活动开口

①养护作业控制区安全规定。

公路养护作业控制区是对公路某一路段进行养护施工或对相邻位置进行基础设施建设,在一定程度上影响车辆正常通行的路段,包括第一个警告标志和施工结束标志之间的区域范围。养护作业控制区安全规定如下:

a.养护巡查车、检测车和养护作业机械必须按标准涂以橘黄色,且按标准安装警示灯、警示标志牌和发光可变标志牌。车辆均应在顶部安装黄色警示灯。

b. 施工车辆一般情况下按照行车方向顺行,在路上停车时须停在紧急停车带内,作业人员严禁从左侧下车;在特殊情况下需要逆行的,应当封闭交通或在已布控的区域内行驶。

c. 材料运输车辆应保持良好的车况,运输材料时应采取措施,严禁在行驶过程中抛撒物料,污染路面。

d. 在施工封闭区内,车辆和设备应服从安全员的指挥,不得乱停、乱放,影响施工安全。

②养护作业控制区应急管理内容。

养护作业控制区应急管理内容包括安全作业计划制定、施工前安全作业准备、作业区布置、中央开口处的管理、流动作业区的管理及紧急情况的处理。

③养护作业控制区施工要求。

养护作业单位要有安全作业实施方案,包括危险性较大的分部/分项工程专项应急管理方案,如作业计划中没有安全作业措施,或者措施(方案)不恰当,则养护作业队不得开工。

凡在公路护栏以内进行养护施工作业并封闭交通的(除日常维修作业外),施工单位应按照相关要求办理审批手续,未经审批,不得擅自施工。

在日间作业时,安全控制区域长度:对于4车道路面,不得小于1km;对于6~8车道路面,不得小于1.6km,并相应摆设限速40km/h、60km/h或80km/h的标志,以及道路施工、左(右)道封闭、向左(右)行驶、前方施工等施工标志(图3-7)。

a)   b)

图3-7　养护作业控制区布设

施工作业必须按国家标准《公路工程施工安全技术规范》(JTG F90—2015)和交通运输部发布的《公路养护技术规范》(JTG H10—2009)、《公路养护安全作业规程》(JTG H30—2015)的要求实施安全控制,并在此基础上增设相应的限速标志,增设标志的版面尺寸和版面内容应符合国家标准规范,施工临时标线应符合有关标准。

④公路养护安全检查。

养护单位要树立"安全第一"的思想,安全员应对现场安全情况进行经常性检查,养护管理部门进行定期抽查,及时消除安全隐患。

公路养护安全检查内容:施工前教育情况,安全负责人在岗情况,作业服穿着情况,作业区封闭与安全设施情况,设备警示标志、设备停放情况,现场人员、材料、设备的管理情况等。

第 3 节　公路突发事件预警预测机制

(1)公路突发事件分类

对由自然灾害引起的公路突发事件,依据《公路交通突发事件应急预案》、新疆维吾尔自治区公路管理局相关应急预案等有关规范性文件进行分类,详见表3-6。

公路突发事件分类　　　　　　　　　　　　　　　表3-6

分　类	内　容
自然灾害	主要包括水旱灾害、气象灾害、地震灾害、地质灾害、海洋灾害、生物灾害和森林、草原火灾等
公路交通运输生产事故	交通事故、公路工程建设事故、危险货物运输事故等
公共卫生事件	传染病疫情、群体性不明原因疾病、食品安全和职业危害事件、动物疫情,以及其他严重影响公众健康和生命安全的事件
社会安全事件	恐怖袭击事件、经济安全事件和涉外突发事件

参考《国家突发公共事件总体应急预案》,各类公路突发事件按照其性质、严重程度、可控性和影响范围等因素,一般分为四级:Ⅰ级(特别重大)、Ⅱ级(重大)、Ⅲ级(较大)和Ⅳ级(一般)。公路自然灾害事件级别详见表3-7,冬季风雪突发灾害事件级别详见表3-8。

公路自然灾害事件级别　　　　　　　　　　　　　表3-7

事件级别	级别描述	发生可能性较大的事件情形
Ⅰ级	特别重大灾害事件	当遇下列情况之一,上级公路应急主管部门灾害事件专项应急预案发布Ⅰ级预警或响应:①导致或可能导致国省干线公路、国家主干线损坏严重、交通中断24h以上,国省干线公路损坏严重、交通中断72h以上,通行能力影响周边省份时;②急需上级部门协调有关地方、部门或军队、武警共同组织救援时;③需要上级部门负责组织实施紧急物资运输或交通防疫措施时;④春融性洪水、暴雨引起重大山体滑坡、泥石流、山体碎落,或长时间浓雾等恶劣天气,可能造成高速、国省道主干线严重毁坏、中断时;⑤需要发出公路Ⅰ级预警的其他特殊情况
Ⅱ级	重大灾害事件	当遇下列情况之一,上级公路应急主管部门灾害事件专项应急预案发布Ⅱ级预警或响应:①导致或可能导致国省干线公路、国家主干线损坏严重、交通中断12h以上,国省干线公路损坏严重、交通中断48h以上,通行能力影响本省时;②需要上级部门负责组织实施紧急物资运输或交通防疫措施时;③春融性洪水、暴雨引起重大山体滑坡、泥石流、山体碎落,或长时间浓雾等恶劣天气,可能造成高速、国省道主干线中断时;④需要发出公路Ⅱ级预警的其他特殊情况

续上表

事件级别	级别描述	发生可能性较大的事件情形
Ⅲ级	较大灾害事件	当遇下列情况之一,地方公路应急管理部门灾害事件专项应急预案发布Ⅲ级预警或响应:①导致或可能导致国省干线公路、国家主干线交通中断6h以上,国省干线公路交通中断12h以上,通行能力影响范围限制在地区时;②春融性洪水、暴雨引起重大山体滑坡、泥石流、山体碎落,或长时间浓雾等恶劣天气,可能造成本市(县)范围内高速、国省道主干线中断或影响安全通行时;③需要发出公路Ⅲ级预警的其他特殊情况
Ⅳ级	一般灾害事件	当遇下列情况之一,市(县)公路应急管理部门灾害事件专项应急预案发布Ⅳ级预警或响应:①导致或可能导致省道、专用公路中断,处置、修复时间预计在12h以上,通行能力影响范围在本市(县)时;②春融性洪水、暴雨引起重大山体滑坡、泥石流、山体碎落,或长时间浓雾等恶劣天气,可能造成本市(县)范围内省道主干线、专用公路中断或影响安全通行时;③需要发出公路Ⅳ级预警的其他特殊情况

冬季风雪突发灾害事件级别　　　　　　　　表3-8

事件级别	级别描述	发生可能性较大的事件情形
Ⅰ级	特别重大风雪灾害事件	一次性发生被困滞留风区200人以上,气候非常恶劣,预计15h以上可将滞留人员救出,救援工作极为困难,事态正在不断蔓延
Ⅱ级	重大风雪灾害事件	一次性发生被困滞留风区100～200人,气候恶劣,预计8～15h内可将滞留人员救出,救援工作困难,事态正在逐步扩大
Ⅲ级	较大风雪灾害事件	一次性发生被困滞留风区50～100人,气候恶劣,预计5～8h内可将滞留人员救出,救援工作较为困难
Ⅳ级	一般风雪灾害事件	一次性发生被困滞留风区50人以内,气候较为恶劣,预计5h以内可将滞留人员救出,救援工作有一定困难

（2）突发事件预警级别分类

依据《中华人民共和国突发事件应对法》的有关规定,公路突发事件预警级别按突发事件发生时对公路交通的影响和需要的运输能力分为四级,即Ⅰ级(特别重大)、Ⅱ级(重大)、Ⅲ级(较大)、Ⅳ级(一般),分别用红色、橙色、黄色、蓝色来表示,详见表3-9。

公路突发事件预警级别分类　　　　　　　　表3-9

预警级别	级别描述	颜色标示	发生可能性较大的事件情形
Ⅰ级	特别重大	红色	●因突发事件可能导致国家干线公路交通设施毁坏,交通中断、阻塞,或者大量车辆积压、人员滞留,通行能力影响周边省份,抢险、处置时间预计在24h以上时 ●因突发事件可能导致重要客运枢纽运行中断,造成大量旅客滞留,恢复运行及人员疏散预计在48h以上时 ●根据《重大气象灾害预警应急预案》,中国气象局发布"台风、暴雨、雪灾、大雾、沙尘暴、道路积冰"Ⅰ级预警或两个及其以上路网发达省份发布"台风、雪灾、道路积冰"Ⅱ级预警,可能导致多条国家干线公路交通中断或阻塞,处置、抢修时间预计在24h以上,通行能力影响周边省份时 ●其他可能需要交通运输部提供应急保障的情形

续上表

预警级别	级别描述	颜色标示	发生可能性较大的事件情形
Ⅱ级	重大	橙色	●因突发事件可能导致国家干线公路交通设施毁坏,交通中断、阻塞,或者大量车辆积压、人员滞留,通行能力影响周边省份,抢险、处置时间预计在12h以上时 ●因突发事件可能导致重要客运枢纽运行中断,造成大量旅客滞留,恢复运行及人员疏散预计在24h以上时 ●根据《重大气象灾害预警应急预案》,路网发达省份气象主管部门发布"台风、暴雨、雪灾、大雾、沙尘暴、道路积冰"Ⅰ级预警或"台风、雪灾、道路积冰"Ⅱ级预警,可能导致高速公路,国道、省道主干线严重毁坏、交通中断或阻塞,处置、抢修时间预计在12h以内,通行能力影响范围在本省内时 ●其他可能需要交通运输部提供应急保障的情形
Ⅲ级	较大	黄色	●因突发事件可能导致国家干线公路交通设施毁坏,交通中断、阻塞,或者大量车辆积压、人员滞留,通行能力影响周边省份,抢险、处置时间预计在8h以上时 ●因突发事件可能导致重要客运枢纽运行中断,造成大量旅客滞留,恢复运行及人员疏散预计在12h以上时 ●根据各地区政府印发的《××地区公路风雪灾害抢险应急预案》,一次性发生被滞留风区200人以上,气候恶劣,预计8h以上可将滞留人员救出,救援工作困难时,事态正在逐步扩大时 ●其他可能需要交通运输部提供应急保障的情形
Ⅳ级	一般	蓝色	●因突发事件可能导致国家干线公路交通设施毁坏,交通中断、阻塞,或者大量车辆积压、人员滞留,通行能力影响周边省份,抢险、处置时间预计在5h以上时 ●因突发事件可能导致重要客运枢纽运行中断,造成大量旅客滞留,恢复运行及人员疏散预计在8h以上时 ●根据各地区政府印发的《××地区公路风雪灾害抢险应急预案》,一次性发生被滞留风区50人以上,气候恶劣,预计5h以上可将滞留人员救出,救援工作有一定困难时 ●其他可能需要交通运输部提供应急保障的情形

（3）应急预警预测机制

①突发事件主动预警类别。

公路上最易发生的突发事件主要是由交通事故、自然灾害引起的,同时车流过大也会引起公路的大面积堵塞甚至瘫痪。公路主要预警类别详见表3-10。

公路主要预警类别　　　　　　　表3-10

预警分类	预警内容
车流预警	主要来源于车辆检测器以及事件检测器信息,建立实时联动的车流预警模型,实现对车流的预测
天气预警	一方面通过气象检测器实时获取路段的数据;另一方面和气象部门合作,实时预测当地的气温、风力、雨雪等信息,以便及时报警
事故预警	在交通事故易发地点安装事件检测器,通过事件检测器,实时获取发生交通事故的位置、图像等信息,及时通知监控人员确认,然后采取处置措施
隧道火灾预警	隧道火灾信息主要来源于隧道火灾传感器和事件检测器,通过实时联动,及时报警

②预警分级启动。

公路管养部门应根据预警信息级别分级启动应急预案并采取相应措施：

a.出现蓝色（Ⅳ级）预警信号时，由养护单位应急抢险小组启动应急预案；

b.出现黄色（Ⅲ级）预警信号时，由地区管理单位应急指挥中心启动应急预案；

c.出现橙色（Ⅱ级）、红色（Ⅰ级）预警信号时，地区管理单位应急指挥中心采取现场应急处置措施，同时上报上一级应急指挥部门，等待指令。

③预警信息的发布。

公路灾害预警信息内容包括事件类别、预警级别、起始时间、可能影响范围、警示事项、采取的措施和发布机关。预警信息的发布应遵循"归口管理、统一发布、快速传播"的原则，根据采集信息的内容，分析结果，由地区管理单位应急指挥中心负责按预警级别发布信息。预警信息的发布流程如图3-8所示。

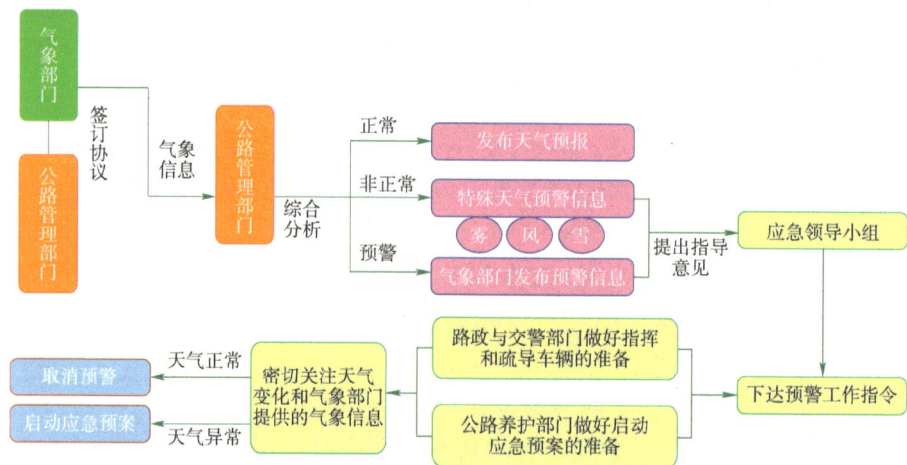

图3-8　预警信息发布流程图

一般情况下，应急办公室通过电话、手机短信、电子显示屏、出行信息咨询台等传播手段及时向有关单位及社会公众发布灾害预警信息。

紧急情况下，经地区应急指挥部授权后，应急办公室可通过广播、电视及通信部门发布灾害预警信息。涉及可能引发次生、衍生灾害的预警信息应通过信息共享平台向有关部门发布。

第 4 节　信息发送机制

对不同类型的突发事件应明确预警领域，研究和确定信息的需求内容，并根据信息性质的不同研究建立相应的发送机制。完善"分类管理、分级预警、平台共享、规范发布"的突发事件预警信息发布体系，加强信息管理，拓宽预警信息发布渠道，增强信息精准发布能力，扩大和提升预警信息发布的覆盖面和精准度、时效性，最大限度预防和减少各类突发事件的发生及造成的危害。

信息管理是对应急事件发展状态、处置过程等环节的信息采集、交流、汇总、分析、传达。信息管理是多部门、多层次、多主体之间信息的传递。

信息管理包括信息采集、信息报送、信息研判及传递和信息发布，流程主要涉及四个部分：一是事件信息的采集、整理，并上报应急指挥中心作为制定正确决策的基础；二是应急指挥中心指令信息自上而下的传达；三是执行部门对应急事件处理情况自下而上的即时反馈；四是应急部门、单位之间的信息沟通与共享。冰雪灾害信息管理流程如图 3-9 所示。信息管理是缩短应急响应时间的关键之一，信息管理必须责任到人，安排专人进行数据的收集、上报和整理工作，避免出现盲点和信息迟报现象。

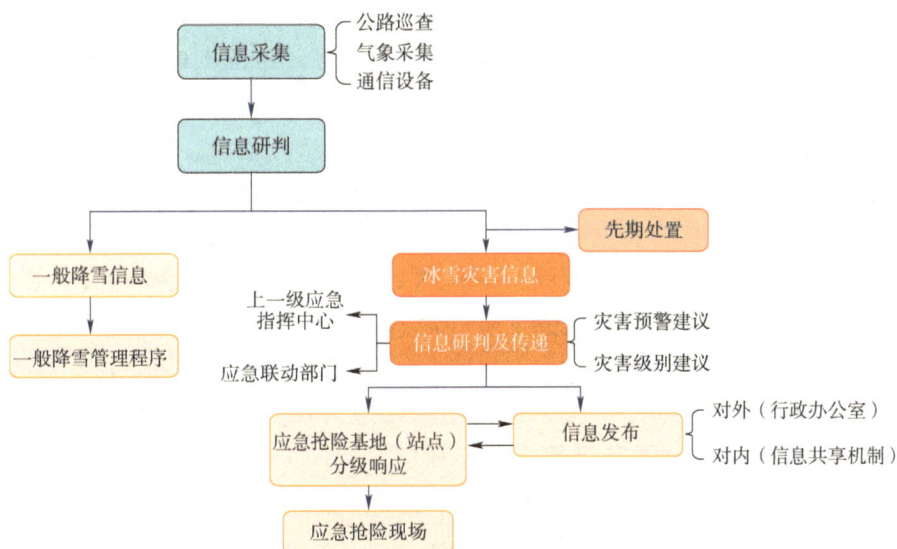

图 3-9　冰雪灾害信息管理流程图

（1）信息采集

公路应急信息的采集方式主要包括：气象信息采集、公路监控中心信息采集及交通运输综合执法信息采集。多种采集方式能使相关部门较为全面地掌握可能对交通运行产生影响的信息。

①气象信息采集。

定期采集：各级公路部门与气象部门应订立长期的公路气象服务协议，及时采集气象部门发布的中、长期天气预报和地质灾害预警预报，对采集到的信息进行影响程度预判，根据预判结果提前做好各项准备工作。

随机采集：主要是通过巡道、固定监控设施、公路沿线气象站点采集公路上出现的各类影响公路交通运行的气象信息。在巡道过程中可根据当时的天气情况对各条线路做相关记录，直观地掌握相关天气状况。地区管理单位信息中心也可以通过收费站、服务区的固定视频观测相关的天气和路况，随时向养护单位传递异常天气情况信息。

②公路监控中心信息采集。

监控信息来源主要包括两类：固定监控系统和呼叫信息系统。监控中心信息采集内容详见表 3-11。

监控中心信息采集内容　　　　表3-11

采 集 方 式	信息采集内容
固定监控布设点	主要对隧道、重点大桥等重要节点进行实时监测,对道路畅阻情况、交通事故、公路灾害、路面病害等应急状况信息进行收集及传递
路况呼叫系统	公路路况信息呼叫服务中心全天候值守、不间断接听,及时反馈公路路况信息
通信设备	通过公众服务电话、车载电台、值班电台等及时采集路况信息

③交通运输综合执法信息采集。

地区管理单位与交通运输综合执法部门应建立有效的联动协议,从公路巡查协作、交通运输综合执法事件的处理等方面建立联动机制,将公路范围内出现的违法行为、安全隐患等,及时告知、反馈至当地公路管理部门。

(2)信息报送

地区监控分中心是信息报送主体,负责将原始采集的信息按照信息报送要求,报送给路段的应急处置相关部门和人员。信息报送对象、方式及时间要求如下:

①地区监控分中心及时按规定的信息报送要求(原则上不超过10min),通过电话、手机短信方式向应急部门人员报送突发事件信息,应急部门须24h保持信息畅通,以接报信息,快速反应。

②地区监控分中心按照厅局公路交通信息报送的相关制度,及时将相关信息报送至厅监控中心,并向应急处置各级相关领导和应急部门人员提供突发事件应急处置进展信息,以便及时采取和调整应急处置措施。地区监控分中心当班人员应及时接收相关信息并记录备案。

信息报送用语需规范、统一,简明扼要。信息报送格式详见表3-12。

信 息 报 送 格 式　　　　表3-12

时间	日　　　时　　　分		
地点	上行□ 下行□	隧道 K　　+	
位置	超车道□　　　主车道(中间)□　　　主车道(右侧)□		
灾情	①发生突发事件 ②_____人死亡 ③_____人中毒、重伤 ④_____车辆(车型)发生_____(事故类型,如翻车、追尾、爆胎等)交通事故 ⑤现场有_____辆车着火或起火 ⑥装载_____吨_____货物 ⑦现场车流量(很大、较大、一般、较小) ⑧相邻路段车流量(很大、较大、一般、较小)		
救援需求	公安消防□　　交警□　　养护□　　交通运输综合执法□　　拯救□　　医疗救护□		
相应级别	Ⅰ级□　　Ⅱ级□　　Ⅲ级□　　Ⅳ级□		

（3）信息研判及传递

信息研判是应急管理决策的基础和依据,是对采集、筛选、合成后的整体信息做分析、推演和判断,推定事件可能的发展趋势、影响和后果,以及应该采取的应对措施。

①公路损毁及运营环境影响程度的预判等级信息传递。

预判等级为Ⅳ级时,由养护部门向地区管理单位备案,由地区管理单位判定是否向社会发布预警信号。

预判等级为Ⅲ级时,由养护部门报告地区管理单位,地区管理单位向省级公路管理局备案,由地区管理单位判定是否向社会发布预警信号。

预判等级为Ⅰ、Ⅱ级时,由地区管理单位报告省级公路管理局养护部门和党办（行办）。

②公路损毁及运营现状的影响等级信息传递。

判定等级为Ⅳ级时,由养护单位向地区养护管理部门备案,并加大巡查频率,随时传递、上报公路损毁及影响公路运营现状的信息。

判定等级为Ⅲ级时,由养护单位报告地区管理单位,地区管理单位向省级公路管理局养护部门备案,并加大巡查频率,随时将公路损毁及影响公路运营现状的信息通过网络、电话及其他应急通信设备上报省级公路管理局。

判定等级为Ⅰ、Ⅱ级时,由地区管理单位报告省级公路管理局养护部门、党办（行办）,并将通阻信息报告交通运输厅信息中心,同时加大巡查频率,随时将公路损毁及影响公路运营现状的信息通过网络、电话及其他应急通信设备上报省级公路管理局养护部门和党办（行办）。

（4）信息发布

一个由多重信息模式组成的交通信息发布体系,能满足不同类型的出行信息需求。路况信息包括路况静态信息和路况实时信息。路况静态信息包括作业区域计划、路段的开放情况等信息;路况实时信息主要来自动态路况采集系统采集到的路况信息。

公路气象信息收集及技术评估主体是局养护管理部门,路况信息发布主体是监控指挥中心。地区养护管理部门收到公路气象预报预警信息后,应及时通过内部工作信息交流群将预报预警信息发送给各基层单位。公路信息发布流程如图3-10所示。

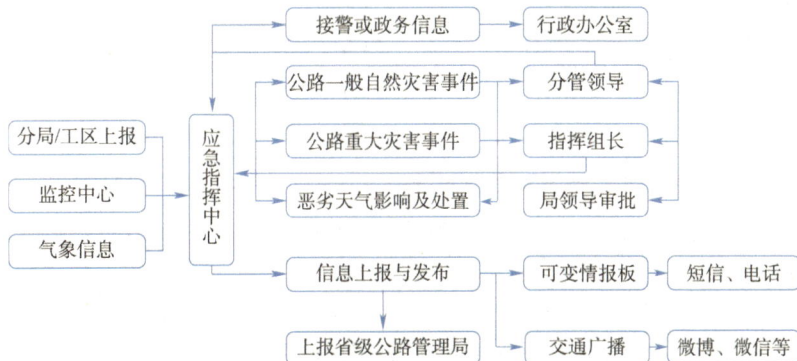

图 3-10　公路信息发布流程图

①信息发布类别。

信息发布类别包括突发事件信息及造成的拥堵信息,本路段和相邻路段交通诱导与分流等措施信息,突发事件处置结束、交通恢复信息,本级或上级部门指定发布的信息。

②信息发布方式。

信息发布方式主要有路侧可变信息标志、收费站临时标牌、交通广播、厅出行服务网站等。地区监控分中心应及时通过突发事件路段上游的可变信息标志和相关收费站临时标牌,向驾乘人员发布突发事件和交通管制与分流信息(图3-11)。

图3-11 公路信息发布

当突发事件导致长时间交通中断时,应与关联路网相邻路段联动,通过相邻路段可变信息标志发布信息,由厅出行服务网站和交通广播向社会公众发布事件和诱导信息;交警部门应及时通过相关的信息渠道发布信息。

③信息发布要求。

信息发布的时间要求:原则上应在突发事件发生和恢复正常之后10min以内发布信息。发布的信息应满足内容清晰、易懂、准确、简洁,排版美观、大方的要求。可变信息标志信息发布内容详见表3-13,交通广播、手机短信和出行服务网络平台信息发布内容详见表3-14。

可变信息标志信息发布内容 表3-13

事 件 情 形	发 布 位 置	发 布 内 容
发生突发事件,隧道封闭	事发路段上游	前方××公里××隧道突发事件封闭,请从××出站
收费站分流	事发路段上游	前方隧道突发事件封闭,请从××站出绕行××,从××入口上高速
双向间断性放行分流	分流路段上游	前方事故,请服从交通疏导
单向封闭改道分流	分流路段上游	前方事故,请按标志行驶
	借道路段上游	前方封闭,请从××站出高速绕行××,从××入口上高速

交通广播、手机短信和出行服务网络平台信息发布内容 表3-14

事 件 情 形	发 布 内 容
发生突发事件	××公路××隧道××方向发生突发事件
突发事件处理完毕	××公路××隧道××方向发生突发事件已处理完毕,恢复正常通行
入口封闭开始	××公路××隧道××方向发生突发事件,××入口××方向禁止驶入,请绕行××,从××入口上高速

续上表

事 件 情 形	发 布 内 容
入口封闭解除	××公路××隧道××入口解除封闭,恢复正常通行
收费站分流开始	××公路××隧道××方向发生突发事件,采取分流措施,请从××出口下高速,绕行××,从××入口上高速
单向封闭改道分流开始	××公路××隧道××方向发生突发事件,采取分流措施,××至××路段××方向封闭,××入口××方向禁止驶入,请绕行××,从××入口上高速
双向间断性放行分流开始	××公路××隧道××方向发生突发事件,采取双向间断性放行分流,××入口××方向禁止驶入,请绕行××,从××入口上高速
分流结束	××公路××隧道××方向发生突发事件已处理完毕,分流结束,××入口解除封闭,恢复正常通行

第 5 节　应急响应及处置机制

突发事件综合应急处置属于多维交错的系统工程。在处置程序上,实行突发事件级别响应的审批程序,形成"立即启动—高效处置—及时终止"的闭合系统,规范突发事件的处置流程,提高处置效率。

(1)先期处置

建立以突发事件分级响应为基础的分级管理、分级处置快速反应工作机制,对发生的各类公路随机病害和突发事件,果断决策,现场快速处置。

对辖区内各类公路突发事件,无论级别高低、规模大小、损失轻重,事发地公路部门都要尽快判定事件的性质、特点和危害程度,组织人员、装备做好受害人员营救及受威胁人员的疏散、撤离等先期处置工作,并及时将有关情况向上级公路部门报告。应急先期处置措施包括以下几方面:

①对于严重危害行车安全的自然灾害事件,应迅速采取在局部灾害路段两端设立警示标志的措施,以疏导和控制车辆通行。

②对于路网中断事件,应迅速赶往现场,协调交通运输综合执法部门、交警部门疏导交通并实施道路交通管制,维护现场秩序。

③对桥梁、弯道、坡道等易发生事故路段应采取必要的安全防范措施。

④发生险情不能通行的,由养护部门组织进行局部加固维修或修建便道、架设便桥。

⑤如不能加固维修、修建便道、架设便桥,应在现场两端设立警告标志、禁止通行或绕道通行标志。

(2)应急响应及处置工作流程

①应急预案分级响应流程。

在启动预案的同时,可按事件性质和处置需要,启动并实施相应的子预案。各公路管理机构部门应按照责任分工,采取相应措施,履行相关职责。厅局负责Ⅱ级应急处置预案的启动,地区局负责Ⅲ级应急处置预案的启动,分局负责Ⅳ级应急处置预案的启动。

各级公路管理机构应急管理办公室牵头成立现场指挥部,指挥部成员根据需要赶赴事发地指导、协调应急处置工作;由各级公路管理机构与有关部门组成的现场处置组立即赶赴现场,参与应急处置;事发地公路部门在现场指挥部统一指挥和指导下,立即启动相关应急预案,认真履行职责,落实有关工作。应急预案分级响应启动流程如图3-12所示。

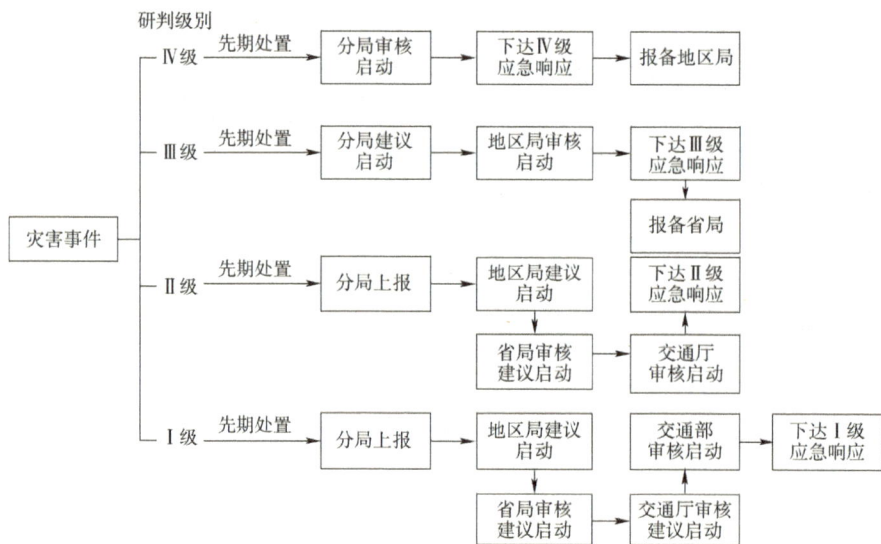

图3-12 应急预案分级响应启动流程

②应急处置工作流程。

对于公路突发事件,应通过电话、养护系统、网络工作交流群组等现代通信方式向属地养护管理部门报告,并在现场设置临时警示标志。养护管理部门收到信息后,立即向上级部门报告,同时采取应对措施。应急处置工作流程如图3-13所示。

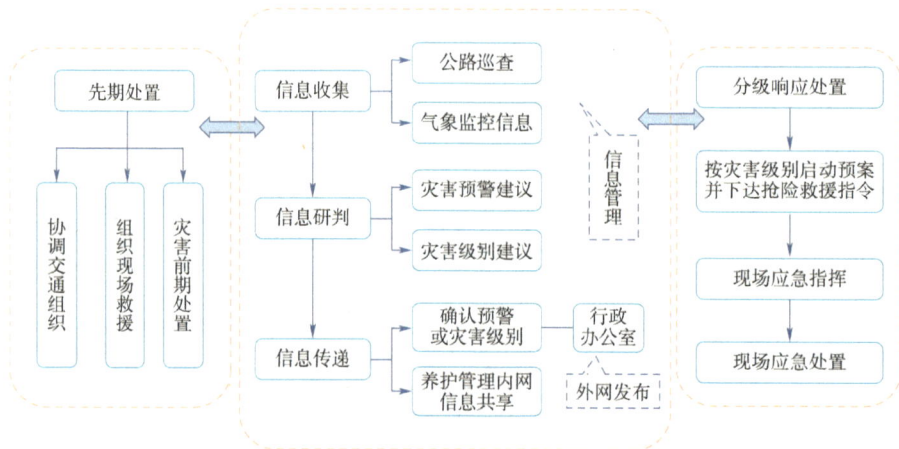

图3-13 应急处置工作流程图

（3）应急救援联动机制

公路管养单位应建立应急工作协调联动机制，从机构和制度上予以规范，全面整合现有的应急救援力量，建立一套稳定高效、覆盖面广、目标一致的应急救援联动机制，解决当前应急管理工作中的条块分割、多头指挥等问题，使应急管理工作由"分散"向"合成"转变，提升处置能力。

①建立应急救援联动体系。

公路养护应急管理体系包括纵向"局、分局、专业队"三级公路网监测与应急指挥体系和横向"交通运输综合执法部门、交警、公安、消防、养护"的联动体系。

a.建立地区内跨县域应急联动处置机制，发生重大突发事件时，根据应急需求，合作方在应急队伍、救援物资设备和专家等方面予以支援。

b.市（县）建立三级联动成员单位、部门之间的联动机制。各联动成员单位内部建立快速的沟通联系通道，明确协助的内容和事项。

c.建立地方政府与部队、省直部门之间的联动机制。建立健全领导协调、信息沟通、军地协同和后勤保障"四大机制"。

②建立宏观协调与分层处置相结合的联动平台。

宏观协调是指当突发事件发生时，要做到路网信息互通、上下级宏观调控。分层处置是指养护队伍、分局、局按应急预案启动权责分级完成处理任务。

制定和完善实用、易操作、体现实绩的应急联动考核办法，健全联席会议制度，推动各平台与应急指挥平台的整合等，使各部门、各组织在处置各类灾害和突发事件时各司其职、密切协作、形成合力，完成应急救援任务。

③建立应急救援联动队伍。

明确和规范各联动成员单位的职责范围、服务质效、工作保障、监督机制等，使联动工作有章可循，有序动作，并逐步走上规范化、法治化的发展轨道。应急救援联动队伍建设的保障措施详见表3-15。

应急救援联动队伍建设的保障措施　　　　　　表3-15

保障措施		内　容
制度保障	应急救援联席会议制度	定期或不定期召开，明确主题和具体内容，分析与协调解决应急工作中的难点问题
	应急救援年度工作会议制度	每年召开一次年度工作会议，会议主题是总结、讲评年度应急救援工作，安排部署下一年度应急管理工作
	应急救援年度演练制度	每年由应急救援联动机制委员会组织开展应急演练，理顺各项职能，协调任务分工，锻炼救援队伍，修订完善应急预案
	应急救援信息收集制度	每个成员单位确定一名信息收集员，定期上报应急救援信息，通过收集信息、分析数据，随时掌握最简单、高效的救援信息，随时准备进行事故救援，充分发挥各部门的职能

续上表

保障措施		内　容
救援小组职责保障	事故处理组	负责掌握现场险情、灾情,贯彻落实应急决策,控制现场局势和险情,防止事态和险情扩大
	救援专家组	负责制定救援方案,准确确定科学、合理的现场应急救援处置措施,随时针对现场发生的突发事件进行研究
	现场警备组	负责维护事故现场及周边地区的交通秩序,确保救援各单位及时、迅速、安全到达现场。维护现场正常秩序,确保应急救援工作的顺利进行
	宣传报道组	组织各新闻单位、媒体赶赴现场进行正面宣传报道,正确引导社会舆论,适时召开新闻发布会,根据现场指挥部的统一安排,发布实时新闻
	公共保障组	按应急现场职责工作,完成应急救援联动机制委员会部署的各项工作
	后勤支援组	保证救援部门和人员的饮食和各项物资供应,按照应急救援联动机制委员会的部署向事故现场调运救援物资
	事故调查组	负责查明突发事件发生的原因、过程、人员伤亡和经济损失情况
	善后处理组	负责妥善安置受伤、死亡人员及受灾群众,维护社会稳定

第 6 节　评估及总结机制

突发事件应急处置工作结束或者相关危险因素消除后,养护部门向应急指挥机构提出应急响应终止建议及后续处理意见并报送上级应急管理部门,由应急指挥机构撤销应急响应。

(1)评估总结

养护部门对发生的突发事件的处置情况进行科学评估,对突发事件的起因、性质、影响、责任、经验教训和恢复重建等问题进行调查、评估,向上级部门报告。

通过客观、准确的分析、评价,发现和改进应急工作中的薄弱环节,研判在应急处置中存在的风险,以期提高应急管理的决策水平和优化制度设计,逐步提升自救和他救能力,促使应急救援工作不断跃上新的水平。

(2)灾后恢复工作

应急处置工作结束后,参与灾害处置的公路部门撤离应急人员和装备。养护单位在管理职责范围内继续加强公路巡查工作,防止次生、衍生灾害事件的发生或者重新引发其他问题。

在应急抢险工作结束后,做好公路通行的恢复和受损设施的重建工作,在维修或重建过程中,加强对施工质量与进度的监管,尽快恢复公路交通的正常运营。

(3)应急处置检查评价

各级养护管理部门通过对公路巡查记录表,公路突发事件、冬季冰雪等灾害事件处置管理资料的检查与现场复核,考核养护单位灾害事件处置管理的能力。公路灾害事件处置管理检查考核内容详见表3-16。

公路灾害事件处置管理检查考核内容　　　　　　　表3-16

项　　目		检查考核内容
公路巡查		公路巡查记录表填写不齐全的每处扣1分;巡道频率不足的每次扣1分;分级处置资料不齐全、病害分级判定不准确或分级处置不及时的每次扣1分
灾害事件处置	灾害前	各类应急预案不齐全,物资保障不到位,未做好相关工作的每项扣1分;未做好灾害路段基础信息资料收集和整理工作的每项扣1分
	灾害中	没有按信息收集的相关要求开展信息收集工作或收集工作不及时、不规范的每次扣1分;未按要求开展信息研判工作的每次扣1分,信息研判工作不规范的每次扣1分;先期处置工作不及时、不规范的每次扣1分,引起重大问题的每次扣5分;未按要求开展分级响应相关工作(信息上报、启动、终止预警预案等)的每次扣1分,相关资料不齐全的每项扣1分,引起重大问题的每次扣5分
	灾害后	灾后处理工作不及时、不规范的每次扣1分,引起重大问题的每次扣5分;严重、特别严重的灾害以及一些需要开展灾后评估的灾害未开展相应评估工作的每次扣1分,评估工作不规范、数据收集工作过于简单、评价过于简单、没有明确结论的每次扣1分
冬季除冰雪		冬季防雪保通制度建设不完善的扣1分;未建立健全冬季除雪物资的储备台账、冬季养护物资储备不充分的每项扣1分;未建立冬季防雪、除雪快报,机械、材料消耗台账的每项扣1分;冬季养护不及时、措施不到位的每次扣1分;造成社会不良影响的每次扣5分

公路病害通过应急处理后,养护部门应对处治质量是否满足行车安全要求进行评价;对应急性预警信息传送是否及时、快捷进行评价并提出改进措施;在病害处治后进行质量跟踪检测,考察应急养护措施的实施效果,考证所使用的材料和采取的措施的可行性,为今后同类病害的处治提供改进措施和成功经验,进一步提高应急养护的质量和效率。

第4章 公路应急养护作业标准

公路养护管理部门通过规范专业化养护流程,打造标准化管理模式,实现专业型快速养护作业,有力保障公路应急养护作业顺利开展,并减少养护作业对正常交通的干扰。

第 1 节　应急养护工作重点

养护单位应根据公路养护季节性特点,合理安排每月工作重点,有针对性地开展养护工作。每月应急养护工作重点详见表4-1。

每月应急养护工作重点　　　　　　　　　　表4-1

月　　份	养护工作内容
1 月	除雪融冰、防风雪保交通、路面坑槽修补、沿线设施修复、公路巡查
2 月	除雪融冰、防风雪保交通、路面坑槽修补、沿线设施修复、路面排水、公路巡查
3 月	除雪融冰、桥涵疏通、路基路面排水、边沟清理、路基及路面维修、保洁、公路巡查
4 月	排水设施清理疏通、热补坑槽、翻浆处治、路面灌缝、公路巡查、交通安全设施清洗与维修、保洁、绿化补植
5 月	路基维修、热补坑槽、桥头跳车处治、隧道排水设施清理、绿化及虫害防治、公路巡查、保洁
6 月	路基整修、沉陷处治、排水设施维修与疏通、防汛准备、保洁、公路巡查
7 月	水毁抢修、桥涵涂装修复、涵洞与通道清淤、保洁、公路巡查
8 月	水毁抢修、边沟清理、保洁、公路巡查
9 月	路基维修、热补坑槽、路面灌缝、桥梁伸缩缝及泄水孔维修、绿化补植、保洁、公路巡查
10 月	路基维修、涵洞及通道清理疏通、保洁、公路巡查
11 月	边沟清理、隧道排水设施清理疏通、交通安全设施清洗与维修、除雪融冰准备、公路巡查
12 月	除雪融冰、防风雪保交通、路面坑槽修补、沿线设施修复、公路巡查

第 2 节　维护维修作业流程

应急养护项目信息主要来源于公路巡查、监控分中心、交通运输综合执法部门及其他部门,由各级养护管理部门分别汇总信息并判断养护类型,向养护单位或专业作业队下发养护作业任务通知单,并对项目实施过程进行监督和管理。应急养护作业流程如图 4-1 所示。

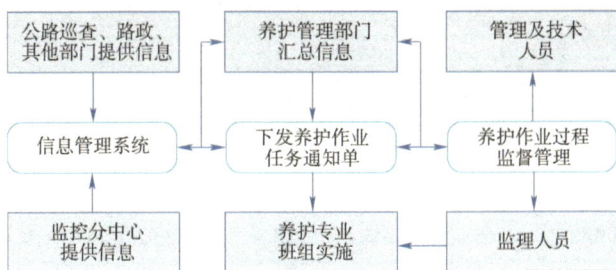

图 4-1　应急养护作业流程

(1)养护作业任务

养护管理部门每月将收集的信息核实后下发养护作业任务通知单,可通过书面或公路养护管理系统、手机短信或电话传递。养护作业任务下达流程如图 4-2 所示。

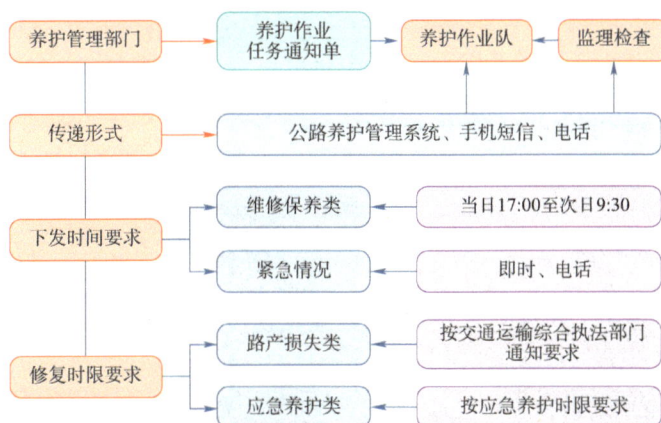

图 4-2　养护作业任务下达流程

对于巡查发现的影响行车安全的设施损坏,如护栏板损坏、路面坑槽、路面散落障碍物、边坡水毁等,可即时下发养护作业任务通知单;在紧急情况下,可电话通知养护作业队,养护作业任务通知单随后补发。

当公路路产出现损坏、丢失情况时,按照有关规定,在规定的时间内,多方同时进行工程量确认,由交通运输综合执法人员下发路产维修通知单至养护管理部门,养护管理部门按照流程下发养护作业任务通知单。

(2)应急养护作业项目

在应急情况下发生的维护维修作业项目,由养护管理单位负责人及时组织专业班组进行快速修复。应急养护作业项目内容如表 4-2 所示。应急养护项目施工作业如图 4-3 所示。

应急养护作业项目内容

表 4-2

项目分类	维护维修作业项目内容	修复时限要求
路基	交通事故导致局部散落物聚集后局部阻塞边沟,暴雨天气或交通事故造成路肩、边坡、排水设施、圬工防护等部位的局部损坏	养护作业队在接到通知后 2h 内进行处理

项目分类	维护维修作业项目内容	修复时限要求
路面	交通事故、大风天气造成部分车道散落物或雨雪天气造成路面局部积水、积雪、结冰,影响车辆正常通行	养护作业队收到通知后1h内进行处理
	路面出现坑槽	按照规定时限要求完成维修工作
桥隧涵	突发事件造成涵洞、通道积水、淤塞	应在2h内进行处理,监理人员现场监督
	维修主要包括桥面、伸缩缝、泄水孔、支座、护坡等局部损坏修复;涵洞墙身、翼墙、防护栏等局部损坏修复;隧道内装、衬砌、排水设施等局部损坏修复	按照规定时限要求完成维修工作
沿线设施	应急事件造成护栏、护栏立柱、防眩板损坏或污染	应在2h内进行处理
	维修主要包括护栏修复与更换、防眩板(网)修复与更换、隔离栅(刺丝)修复与更换、视线诱导设施修复与更换、标志修复与更换、标线补画等	按照规定时限要求完成维修工作
除雪防滑	包括公路主线、匝道、加减速车道及收费站广场的除雪防滑	按照"以雪为令、快速反应、机械为主、人工为辅,先通后净"的原则组织除雪防滑工作

a) 处治路面病害   b) 维修护栏

图4-3 应急养护项目施工作业

第 3 节 路基应急养护工作

路基是公路的重要组成部分,它是保障路面强度和稳定性的基本条件。路基养护应符合的基本要求:路基各部分尺寸达到规定的标准,保持路基土密实、排水性能良好,经常处于完好状态。

(1)路基应急养护项目

①山体落石抢险修复。

山体落石是指岩石碎块剥落,产生的原因是路堑边坡坡度较陡(>45°),岩石破碎和风化严重,在振动及水的侵蚀和冲刷下,块状碎石沿坡面向下滚动。塔城山区公路山体岩石碎落塌方抢险如图 4-4 所示。

图 4-4　塔城山区公路山体岩石碎落塌方抢险

山体落石一般采用 SNS 柔性主动防护系统进行防护。它是一种能拦截和堆存落石的柔性金属栅栏,用锚杆和支承绳固定的方式,将以钢丝绳网为主的各类柔性网覆盖或包裹在需防护的斜坡或危石上,以限制坡面岩土体的风化剥落或破坏以及危岩崩塌,或者将落石控制在一定范围内运动(起围护作用)。山体岩石碎落塌方抢险流程如图 4-5 所示。

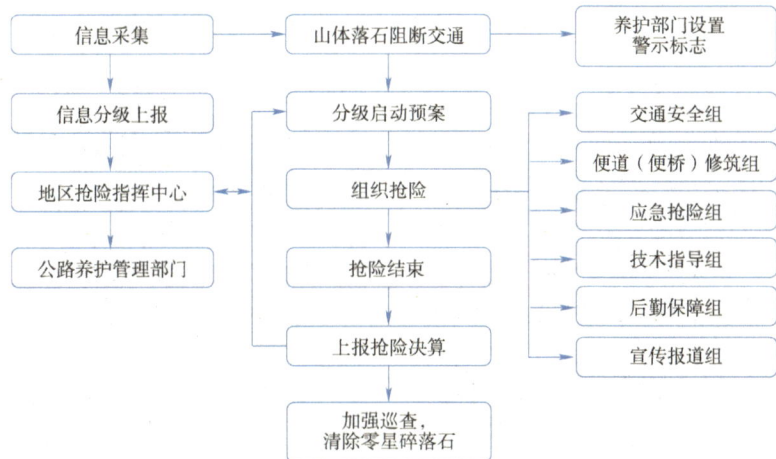

图 4-5　山体岩石碎落塌方抢险流程图

②路基沉降的处治。

高填路堤在施工或工程完工后在自然环境影响和重复荷载的作用下,将产生整体下沉、局部沉陷、不均匀沉陷等病害,严重影响公路的正常使用,降低了公路的等级。为了更好地发挥公路的正常使用功能,对高填土路基出现的严重病害,必须采取行之有效的处理办法,使路基处于良好的技术状态。路基沉降的处治措施详见表 4-3,路基路面沉陷处治如图 4-6 所示。

路基沉降的处治措施　　　　表 4-3

序号	处治措施	内　容
1	换土复填法	适用于填筑土不符合要求,路基出现下沉但面积不大且深度不深时
2	固化剂法	在处理高填土路基的沉陷时,如果更换路基填料受到限制,且填料数量不大时,可在原填料中掺入一定量的固化剂来处理路基病害。主固化剂成分以石灰、石膏、水泥为主,辅助固化剂主要成分为高聚物如聚丙烯、聚丙烯酸铵或含有活性基因的有机化合物

续上表

序号	处治措施	内 容
3	粉喷桩法	对于1m以内路基沉陷病害,采用粉喷桩加固技术是较为理想的方法。粉喷桩法使软基土发生一系列物理、化学反应,在原地基中形成强度、刚度较大的桩体,同时也使桩周土体性质得到改善,桩体与土体形成复合地基,共同承担外部荷载
4	灌浆法	灌浆法利用液压、气压或电化学原理,将浆液均匀地注入地层中,浆液以充填、渗透和挤密等方式占据土粒间或岩石裂缝的空间,经人工控制一定时间后,浆液将原来松散的土粒或裂缝胶结成一个整体,形成一个结构新、强度大、防水性能高和化学稳定性能良好的"结石体"。此法适用于碎石、砂卵石填筑的路基
5	干拌混凝土夯扩桩法	对路基浸水变形较大或不稳定地段,宜采用干拌混凝土夯扩桩加固技术。其优点是材料价格低廉,不需要拆除和修复原有路基,能充分利用原有路面,不仅可以节省工程投资,而且不需要中断交通
6	加铺路面法	多用于沥青混凝土路面沉降,路基土经行车荷载重复碾压,路基沉降逐渐稳定,路面基本完好

图4-6 路基路面沉陷处治

③桥头跳车的处治。

桥头跳车是指在桥台和路基连接处,由于两边沉降量的差异而形成台阶,当车辆快速越过台阶时会出现突跳和颠簸。严重跳车会造成翻车、追尾等交通事故,甚至造成人员伤亡、财产损失。

据调查,桥头所形成的台阶高度一般小于20mm时,对车速的影响不太大,可以不予修复。当台阶高度逐渐增大时应予以修补。无论采用何种措施,修补长度应因台阶高度、形状而异,一般以10~15m为宜,缓和段的坡度控制在0.5%以内。桥头跳车处治措施详见表4-4,桥头跳车处治现场施工作业如图4-7所示。

桥头跳车处治措施　　　　　　　　　　　表4-4

序号	处治措施	内　容
1	更换填料	采用抗水侵蚀性好的填料,如半刚性填料、砂石料等,以改善填料的水稳性
2	采用半刚性基层	路基上部0.5～0.8m厚的路基土应用水泥或石灰稳定处理,也可用二灰土稳定碎石填筑,以提高整体强度
3	加铺沥青混凝土	为使沉降后的路面与缓和段端部衔接平顺,应对端部进行开挖处理,一般下挖15～20mm为宜。错位沉降的修补可用热拌沥青混凝土加铺,以增大与原路面的黏结力
4	掺胶混凝土	用掺胶混凝土进行路面修补,一般要求新浇混凝土厚度超过10cm,同时用HD道路乳胶作为新老混凝土的层间黏结剂。 掺胶调制的水泥砂浆适用于桥梁、路面薄层修补(厚度为1～2cm的水泥混凝土麻面的修补)。掺胶调制的水泥混凝土适用于厚度不小于3cm的混凝土路面表层修补。掺胶量以取代用水量的百分比来表征。气温越低,混凝土修补越薄,要求恢复通车时间越短,则HD道路乳胶掺量越高

图4-7　桥头跳车处治现场施工作业

④路基冻胀和翻浆的维修。

a.因路基冻胀使路面局部或大面积隆起而影响行车时,应将胀起的沥青路面刨平,待春融后按处理翻浆的方法予以处治。

b.对于因基层水稳定性不良或含水率过高造成的翻浆,应挖去面层及基层全部松软的部分,将基层材料晾晒干,并适当添加新的硬粒料(有条件时应换填透水性良好的砂砾或工业废渣等),分层(每层厚度不超过15cm)填补并压实,最后恢复面层。

c.低温季节施工的石灰稳定类基层,在板体强度未达要求时被雨水渗入,其上层发生翻浆的,应将翻浆部分挖除,重做石灰稳定基层或换用其他材料填补,然后重做面层。

d. 对于发生翻浆的路段,可采用打石灰梅花桩或水泥砂砾桩改善。可在翻浆路段两侧路肩上交错开挖宽度为 30~40cm、间距为 3~5m 的横沟,沟底纵坡的坡度不小于 3%,沟深应根据解冻情况逐渐加深,直至路面基层以下。横沟的外口应高于边沟的沟底。如路面翻浆严重,除挖横沟外,还应顺路面边缘设置纵向小盲沟。交通量较小的路段也可挖成明沟。但翻浆停止后,应将明沟填平以恢复原状。

（2）路基预防性养护措施

路基预防性养护的基本要求是通过日常检查和定期检查,发现问题,分析原因,及时采取维修措施。路基预防性养护措施详见表 4-5。路基设置拦水带（图 4-8）可有效解决路基边坡受雨水冲刷的问题。

路基预防性养护措施 表 4-5

序　号	路基预防性养护措施
1	当路肩的横坡过大或过小时,应及时整修
2	陡坡路段的路肩,易被暴雨冲成纵横沟槽,应采取粒料加固、截水明槽设置等措施
3	铺筑硬路肩有困难的路线或路段,也可种植草皮或利用天然草皮来加固路肩
4	当土路堑边坡出现冲沟时,应及时用黏土堵塞捣实,如出现潜流涌水,可开沟隔断水源,将水引向路基以外
5	边坡、碎落台、护坡道等易出现缺口、冲沟、沉陷、塌落,或受洪水及边沟流水冲刷,应根据水流,将水引向路基以外
6	在春融期特别是汛前,均应全面检查,疏通排水设施
7	除经常检查防护工程是否损坏外,每年应在春秋两季各进行一次定期检查,另外出现反常气候、地震或重型车辆通过等特殊情况后应及时检查

a)

b)

图 4-8　路基设置拦水带

第 4 节　路面应急养护工作

对于公路沥青路面上出现危及正常交通和行车安全的病害,应立即修复或在采取临时过渡措施后,采取机械化养护作业方式,迅速、优质、高效地处理各类路面损害和障碍,确保交通运行畅通。

（1）路面排障和清理

公路路面的日常养护，应坚持巡视检查制度，及时发现路面及其附属设施的损坏情况和可能影响交通的路障，以便及时、合理地安排维修和清理，尽快恢复路面正常使用状态。图 4-9 所示为路面清扫、清洗作业。

a)　　　　　　　　　　　　　　　　b)

图 4-9　路面清扫、清洗作业

路面排障及清理工作要求如下：

①对修建于软土地基的路面应定期进行路面高程测量，当桥头引道的不均匀沉降出现下列情况之一时，应及时予以修复：与桥台的连接部位沿桥台靠背产生错台，且最大高差达 2cm 以上；台后接近桥台部位的纵向坡度超过 5%。

②当发现路面上有妨碍正常交通的杂物时，应立即清除。当沥青路面被油类物质或化学物品污染时，应先撒砂、木屑或用化学中和剂处理，然后清扫，必要时再用水冲洗干净。

③对于中央分隔带集水井、横向排水管、路侧拦水带及泄水槽、桥面泄水孔等路面排水系统，应经常清理和疏通，发现损坏部位应及时修复。

④经常检查沥青路面的排水情况，检查时间一般以雨间或雨后 1～2h 为宜，发现路面有明显积水的部位，应分析原因，分别采取下列不同措施：对虽未破损，但雨后造成明显积水的行车道路面局部沉陷部位，应及时清扫并整平；对设置有路侧拦水带及泄水槽的路段，如因拦水带开口及泄水通道的位置不当而造成路面积水，应及时调整；对因横坡不当而造成积水的路段，应采取临时措施，尽量减少行车道部位的积水。

（2）路面应急养护项目

①路面常见病害维修要求。

a. 对各种路面病害应分析其产生的原因，并根据路面的结构类型、设计使用年限、维修季节、气温等实际情况，及时采取相应的维修、处治措施，防止病害扩大，并应符合沥青路面养护标准。

b. 路面病害的维修应采用机械作业，所使用的沥青混合料宜集中厂拌，并采取保温措施。

c. 在对路面病害进行维修之前应先制订周密的计划，做好材料准备，保证工序之间的衔接，对坑槽、沉陷、车辙等需将原路面面层挖除后进行机械修补作业的病害，宜当日开挖当日修补,并设置警示标志以保障行车安全。

d. 修补面积应大于病害的实际面积,修补范围的轮廓线应与路面中心线平行或垂直,并在病害面积范围以外 100~150mm,应采取措施使修补部分与原路面连接紧密。

e. 在路面病害的处治中,凡需重新做面层的,其技术要求应符合《公路沥青路面施工技术规范》(JTG F40—2004)的规定;凡需重新做基层的,其技术要求应符合《公路路面基层施工技术细则》(JTG/T F20—2015)的规定。

②路面车辙的维修。

a. 对于车道表面因车辆行驶而产生的车辙,应将出现车辙的面层切削或铣刨清除,然后铺沥青面层。在公路上可采用沥青玛蹄脂碎石混合料(SMA)、SBS 改性沥青混合料或聚乙烯改性沥青混合料来修补车辙。

b. 对于路面受横向推挤形成的横向波形车辙,如果已稳定,可将凸出的部分削除,在波谷部分喷洒或涂刷黏结沥青,并在填补沥青混合料后找平、压实。

c. 对于因面层与基层间有不稳定的夹层而形成的车辙,应将面层挖除,清除夹层后重做面层。

d. 对于因强度不足、水稳定性能不好,使基层局部下沉而造成的车辙,应先处治基层。

第 5 节　桥隧应急养护工作

公路桥梁、隧道作为公路交通基础设施的咽喉工程,在公路运输系统中发挥着至关重要的作用。公路桥隧涵养护工作按照"预防为主、防治结合"的原则,应有针对洪水、流冰、泥石流和地震等自然灾害的防护措施,同时应备有应急交通方案。

(1)桥梁损毁抢险

对于因战争和自然灾害造成的桥梁损毁,抢险时一般采用架设公路战备钢架桥的措施,它的特点是结构简单、轻巧,安装快速、互换性强,抢险中能起到很大的作用,减轻和避免因灾害造成的损失。钢架桥架设流程及应急演练分别如图4-10、图4-11所示。

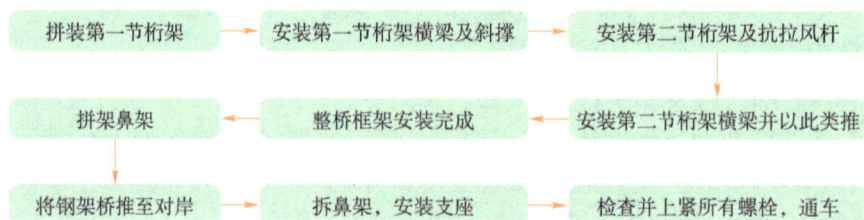

图 4-10　钢架桥架设流程图

(2)桥涵清疏工作

桥涵构筑物清疏主要是指桥梁、涵洞、排水系统、边坡圬工结构物泄水孔清疏。桥涵清疏工作主要为人工作业(图4-12)。桥涵清疏工作内容详见表4-6。

a)　　　　　　　　　　　　　　　　　b)

图 4-11　公路水毁应急演练——架设钢架桥

a) 清理桥梁进出口积雪　　　　　　　　b) 清理隧道洞口积雪

图 4-12　人工清理桥梁、隧道积雪

桥涵清疏工作内容　　　　　　　　　　　　　表 4-6

项　　目	工 作 内 容
桥梁	桥梁伸缩缝清理、泄水孔疏通、锥坡清理作业
涵洞	涵洞人工清疏作业,防止涵洞堵塞影响其排水功能
排水系统	公路排水沟、边沟、急流槽、截水沟、集水井、中央分隔带、横向排水槽及排水孔的清疏作业
边坡圬工结构物	边坡挡土墙等圬工结构物泄水孔清疏

(3)桥梁应急养护项目

①桥梁栏杆与防撞墙的维修。

栏杆与防撞墙属于桥面系的安全设施,栏杆与防撞墙必须保证牢固可靠,确保其能够正常发挥使用功能。桥梁中主要使用的防护设施有钢筋混凝土栏杆、钢栏杆以及钢筋混凝土防撞墙。对于因交通事故或自然灾害造成的桥梁栏杆缺损或变形,应及时修复或更换,锈蚀严重的金属栏杆应予以更换。

a.桥梁栏杆维修要求。

在不能及时将桥梁栏杆损坏部位按原样修复,而又对交通安全威胁比较大的地段,宜采用应急材料临时修复。伸缩缝处的栏杆经维修后,应满足桥梁随温度变化的位移要求,不得将套筒焊死。

栏杆表面金属或非金属防护层损坏时,应及时修补。反光膜脱落的,应随时补贴。涂料性能应符合设计要求,表面涂层均匀,不漏刷、不流淌。涂油漆是保证金属栏杆正常工作、延长使用寿命的重要措施。栏杆表面油漆损坏除应及时用速干油漆修补外,还应定期重新涂漆。重新涂漆的周期可根据当地气候特点、栏杆褪色程度、油漆质量而定,一般每隔1~2年重新涂漆一次。对于交通量大及容易受有害气体、盐腐蚀路段的栏杆,涂漆的周期相应缩短。钢栏杆在涂漆前应将铁锈完全打磨干净,埋入地下部分适当进行覆膜处理。

b.防撞墙露筋修补方法。

防撞墙露筋是常见病害,其修补步骤如下:Ⅰ.用钢凿凿除露筋附近的混凝土,直至露出新鲜剖面。Ⅱ.用钢丝刷刷除钢筋表面的锈蚀部分。Ⅲ.用丙酮洗刷钢筋。Ⅳ.在剖面涂刷界面剂。Ⅴ.调制混凝土砂浆。Ⅵ.可依次涂刷,也可分层涂刷,分层涂刷间隔时间不超过15min。Ⅶ.湿润养护2h,每间隔10min浇水一次。

c.防撞墙伸缩缝修补方法。

破损的防撞墙伸缩缝按如下步骤修补:Ⅰ.用钢凿凿除防撞墙损坏部分的混凝土,直至露出新鲜剖面。Ⅱ.镶嵌泡沫板直至与原防撞墙齐平,立模材料可用夹板。Ⅲ.灌注聚合物混凝土,可掺入30%粒径为5~15mm的细石。Ⅳ.拆模,剔除泡沫深40mm。Ⅴ.打磨缝边混凝土,当缝宽小于或等于60mm时,用聚氨酯填充;大于60mm时,浇筑密封橡胶条。

②钢筋混凝土梁桥的维修加固。

a.常见病害及处治方法。

对于梁(板)体混凝土的空洞、蜂窝、麻面、表面风化剥落等病害,应先将松散部分清除,再用高强度等级混凝土、水泥砂浆或其他材料修补。新补的混凝土要密实,与原结构应结合牢固,表面平整。新补的混凝土必须实行养生。

若梁体发现露筋或保护层剥落现象,应先将松动的保护层凿去,并清除钢筋锈迹,然后修复保护层。如损坏面积不大,可用环氧砂浆修补;如损坏面积过大,可用喷射高强度等级水泥砂浆的方法修补。

对于梁(板)体的横、纵向连接件开裂、断裂、开焊,可采取更换、补焊、帮焊等措施修补。

钢筋混凝土梁桥的裂缝处理:当裂缝的宽度大于限值及裂缝分布超出正常范围时,应做处理。钢筋混凝土梁的裂缝宽度最大限值见《公路桥涵养护规范》(JTG 5120—2021)中的有关规定。当裂缝宽度在限值范围内时,可进行封闭处理,一般涂刷环氧树脂胶;当裂缝宽度大于限值规定时,应采用压力灌浆法灌注环氧树脂胶或其他灌缝材料;当裂缝发展严重时应加强观测,查明原因,按照《公路桥涵养护规范》(JTG 5120—2021)中的有关规定进行加固处理。

当空气、雨水、河流水中含有侵蚀混凝土和钢筋的化学成分时,应对桥梁结构进行防护。

b.钢筋混凝土构件的修补方法。

在昼夜平均气温低于5℃的冬季维修桥梁时,对修补的混凝土构件应采取保温措施,保证混凝土的凝固和硬化。

用于修补加固的混凝土、钢材,其强度及其他质量指标应不低于原桥材料。修补用的混凝土强度等级应比原强度等级高一级,在水质偏酸性的地区,所用水泥应根据环境特点采用耐酸的硅酸盐水泥、抗铝硅酸盐水泥等。

受拉区修补用的混凝土宜用环氧树脂配制,受压区修补用的混凝土可用膨胀水泥配制。用水泥混凝土或砂浆修补的构件应加强养生,有条件时宜用蒸汽养生或封闭养生。

c.梁桥的加固方法。

梁桥的加固方法及适用范围详见表4-7。

梁桥的加固方法及适用范围　　　　　　　　　　　表 4-7

加 固 方 法	适 用 范 围
浇筑钢筋混凝土加大截面加固法	用于加强构件,应注意在加大截面时自重也相应增加
增加钢筋加固法	用于加强构件,常与加大截面加固法同时使用
粘贴钢板加固法	是普遍采用的方法,钢板与原结构必须可靠连接,并做防锈处理
预应力加固法	用于提高构件强度、控制裂缝和变形
改变梁体截面形式加固法	一般将开口的 T 形截面或 H 形截面转换成箱形截面
增加横隔板加固法	用于无中横隔梁或少中横隔梁的加固,可增加桥梁整体刚度,调整荷载横向分配
在梁(板)底下加八字支承加固法	在桥下净空和墩台基础受力许可的条件下,采用该方法
桥梁结构由简支变连续加固法	在桥梁两跨的中间位置施加外荷载,抵消部分拉应力,在预加配载后,将梁端和预留纵筋焊为一体,凿毛梁端后,再浇筑混凝土,直至连续段的混凝土达标,方可卸除施加的外荷载
更换主梁加固法	适用于桥梁主梁损毁的情况

(4)隧道应急养护项目

公路隧道的养护应该根据每一座隧道实际的围岩地质条件、结构和设施状况、交通运营条件以及病害程度等制定相应的养护方案,养护范围应包括土建结构、机电设施以及其他有关设施。

隧道土建结构主要是指隧道的土木建筑工程结构物,如洞门、衬砌、路面、防排水设施、斜(竖)井、检修道及风道等结构物。

土建结构的养护工作分为清洁维护、结构检查、维护维修和病害处治四个部分。土建结构的清洁维护、结构检查详见《公路隧道养护技术规范》(JTG H12—2015),下文仅介绍隧道土建结构的维护维修和病害处治。

①隧道土建结构的维护维修。

隧道土建结构的维护维修工作主要包括经常性或预防性地对结构物进行维护,修复结构物轻微破损,以恢复和保持结构的良好使用状态。隧道土建结构的维护维修项目详见表4-8。

隧道土建结构的维护维修项目　　　　　　　表4-8

结 构 部 位	维 护 维 修 项 目
洞口	及时清除洞口边仰坡上的危石、浮土,冬季应清除积雪和挂冰,保持洞口边沟和边仰坡上截(排)水沟的完好、畅通,修复洞口挡土墙、护坡、排水设施和减光设施等结构物的轻微损坏
洞身	对隧道出现的衬砌起层或剥离,应及时加以清除或加固;对衬砌和围岩的渗漏水,应开设泄水孔接引水管,将水流引入边沟排出;冬季应及时清除洞顶挂冰

结 构 部 位	维护维修项目
路面	及时清除隧道内外路面上的塌(散)落物,及时修复、更换损坏的其他设施的盖板;当路面出现渗漏水时,应及时处理,将水引入边沟排出,防止路面积水或结冰
人行横洞和车行横洞	隧道横洞内严禁存放任何非救援用物品,及时清除散落的杂物,修复轻微破损结构,定期维护横洞门,确保横洞清洁、畅通
斜(竖)井	及时清除井内可能损伤通风设施或影响通风效果的异物;维护井内排水设施,保持水沟(管)的畅通;对井内的检查通道或设施进行维护,防止其锈蚀或损坏
风道	清理送(排)风口的网罩,清除堵塞网眼的杂物;定期维护风道板吊杆,防止其锈蚀或损坏;及时修复风口或风道的破损,更换损坏的风道板
排水设施	维护隧道内外排水设施,发现破损及时修复;排水管堵塞时,可用高压水或压缩空气疏通
吊顶和内装	应保持吊顶和内装的完好、整洁和美观,如有破损、缺失应及时修补恢复,不能修复的应及时更换
人行道和检修道	保持人行道或检修道的完好和畅通,道板如有破损或缺失,应及时修复和补充;定期维护人行道或检修道栏杆,防止其锈蚀、损坏。此外,应做好寒冷地区隧道的防冻保温设施维护,隧道的交通标志和交通标线应保持完整、清洁和醒目

②隧道土建结构的病害处治。

隧道土建结构的病害处治内容包括修复破损结构,消除结构病害,恢复结构物设计标准,维持其良好的技术功能状态。土建结构病害处治方案应根据结构检查结果,针对病害产生的原因,按照安全、经济、合理的原则确定。

a.衬砌背面空隙病害处治。

衬砌背面空隙主要是指在隧道施工时,由于回填不密实或其他原因,在衬砌与围岩之间存在空隙。从隧道内或地表向衬砌背面注浆,使衬砌与围岩紧密结合形成整体,约束衬砌因外力作用而产生变形。采用在衬砌背面注浆的方法处治病害应符合下列要求:

Ⅰ.应根据专项检查结果,确定空隙部位,合理布置注浆孔。一般采用超声法确定空隙的位置。在单向行驶的隧道,当有车线规定时,考虑车辆通行、钻孔有困难,可采取分上下线的注浆布置方式。

Ⅱ.注浆压力应小于0.5MPa,在注浆过程中应加强检测。当发生衬砌变形或排水系统堵塞等异常情况时,可降低注浆压力或采用间歇注浆方法,直到停止注浆。

Ⅲ.检查注浆效果可采取钻孔取芯、超声波或雷达检测等方法。

b.衬砌材质劣化病害处治。

当衬砌有较小范围的裂纹、施工缝等,且由于材料劣化,局部有松动落下的危险时,可在衬砌内表面用锚栓固定防护网,防止材料掉落。采用防护网方法治理病害,应符合下列要求:防护网必须选用耐火的材料;施工前应凿除衬砌剥离劣化部分;防护网可用锚栓固定在衬砌表面,可每平方米固定2根以上的锚栓。

c.衬砌厚度不足病害处治。

衬砌厚度不足时可采用喷射混凝土的方法处治。

喷射混凝土的种类主要有素混凝土、钢筋网喷射混凝土和钢纤维喷射混凝土等,应根据病害程度和施工条件等因素进行选择。

　　喷射混凝土必须有足够的强度和附着率,其配比应通过试验确定。喷射机的工作风压,应满足喷头处压力在 0.1MPa 左右的条件。混凝土要有良好的耐久性,不发生管路堵塞。当采用钢筋网喷射混凝土时,钢筋网必须有合适的保护层厚度。无论干喷或湿喷,必须能向上喷射到指定的厚度且回弹量少。

　　喷射混凝土终凝 2h 后应喷水养护,养护时间应不少于 7d;当隧道内相对湿度大于85%时,可采用自然养护,寒冷地区的养护应按相关规范进行。当喷射混凝土作业完成后,应对喷射混凝土层进行检测,其强度指标应达到设计要求。

　　d. 隧道结构损坏病害处治。

　　隧道局部结构破损可采用锚杆加固法处治。

　　锚杆的长度和间距应根据病害原因和地质情况确定。

　　当采用水泥砂浆锚杆时,注浆开始或中途停止超过 30min,应用水或稀水泥浆润滑注浆罐及其管路;杆体插入后,若孔口无砂浆溢出,应及时补注。

　　当采用自进式锚杆时,安装前应检查锚杆中孔和钻头的水孔是否畅通,若有异物堵塞,应及时清理;锚杆灌浆料宜采用纯水泥浆,地质条件差时可灌入聚氨酯、硅树脂。

　　e. 隧道渗涌水病害处治。

　　隧道由于漏水产生的病害,应根据围岩的地质条件和水文地质条件进行综合分析判断,采取以排水为主,截、堵、排综合治水的原则进行处治。

　　当隧道局部出现涌水时,应采用外置排水管或开槽埋管排水的方法直接将地下水引入隧道边沟,其注意事项详见表 4-9。

外置排水管和开槽埋管排水法施工注意事项　　　　　　　　　表 4-9

序　号	排水法施工注意事项
1	水管的位置、间距应根据涌水量的大小和位置等情况确定
2	水管不得堵塞,管道材料应具有抗老化性和足够的强度
3	当采用开槽埋管法时,衬砌表面可用氯丁橡胶等材料覆盖
4	当采用外置排水管时,可用固定装置将 U 形排水管固定在衬砌表面,将水引入管内排出
5	外置排水管的设置不得侵入建筑限界,并严禁在设置机电设施的地方开凿排水沟槽
6	设置外置排水管应尽量减少对隧道外观的破坏

　　止水施工方法是指采用堵水措施,抑制地下水沿衬砌裂缝和施工缝渗漏,常用的有开凿 U 形槽注浆止水法和裂纹直接压浆止水法。止水法施工注意事项详见表 4-10。

向衬砌内注浆的止水法施工注意事项　　　　　　　　　表 4-10

序　号	止水法施工注意事项
1	衬砌内注浆宜采用水泥浆液、超细水泥浆液、自流平水泥浆液、化学浆液
2	注浆时采用低压低速注浆,化学浆注浆压力宜为 0.2~0.4MPa,水泥浆注浆压力宜为 0.4~0.8MPa
3	注浆后待缝内浆液初凝而不外流时,方可拆下注浆嘴并抹平封口
4	衬砌裂缝的注浆施工质量可采用渗漏水量测,必要时采用钻孔取芯、压水(或空气)等方法检查

有裂纹的隧道,应在防水板上根据需要设置监视窗,主要目的是观察裂纹的发展,并在需要时能及时采取治理措施。设置防水板施工注意事项详见表4-11。

设置防水板施工注意事项   表4-11

序　　号	防水板施工注意事项
1	防水板材料应具有耐热和耐油性,一般有聚乙烯(PE)、乙烯-醋酸乙烯酯共聚物(EVA)、橡塑、橡胶板等
2	防水板不得侵入建筑限界
3	施工前应清除粉尘并保护好电缆等设施
4	防水板的搭接处理应牢固,不漏水
5	有裂纹需要检查的部位,可在防水板上设置检查观察窗

f.隧道结构承载力不足病害处治。

隧道结构承载力不足时采用套拱法处治。套拱的设计应根据围岩压力和建筑限界确定。套拱设计不得侵入建筑限界。为确保衬砌与套拱结合牢固,施工前应凿除衬砌劣化部分,衬砌内面应涂抹界面剂,并设置连系钢筋。当套拱厚度较大时,可在套拱与衬砌之间设置防水层。当隧道净空无富余时,可在衬砌的裂纹处贴碳纤维以提高衬砌的承载能力。

g.隧道冻胀病害处治。

对于高寒地区的隧道,为确保结构物的安全使用,减轻冻害,要防止隧道漏水,另外应将导热系数小的材料设置在衬砌表面,防止热量散失,从而防止冻害。

防冻胀方法包括保温材料插入法和保温材料表面处理法。采用设置绝热层的方法治理病害,应符合下列要求:应选用导热系数小和耐高温的绝热材料;绝热层的厚度和延长幅度应根据气象数据、岩体和绝热材料的性质确定。

h.地层滑坡病害处治。

隧道养护中,不但要及时治理主体结构所发生的病害,还应切实注意隧道所处的山体及其附近环境的保护,以防止因山体及附近出现问题而引起隧道较大破坏。

根据存在的问题应采取相应的山体保护措施,当隧道附近的山体已出现影响隧道安全的滑动时,应及时采取补救措施。滑坡的治理可根据观测资料进行设计,视具体情况的不同可采取保护性填土、保护性挖土、增设锚固桩群等措施。滑坡整治方法详见表4-12。

滑坡整治方法   表4-12

序　　号	滑坡整治方法
1	洞口段边仰坡出现裂缝,可用黏土等填实,必要时采用锚杆加固
2	滑动面以上地层厚度不大时,可在滑动面下端设置抗滑锚固桩
3	对洞顶山体进行保护性开挖,减小下滑力
4	在滑动面下方修筑挡土墙,进行保护性填土,土方应夯实,不积水

i.围岩松弛土压、膨胀性土压病害处治。

围岩土体出现突发性崩溃(松弛土压)、膨胀性土压等病害时,可采用围岩注浆措施处治。

注浆压力是浆液在裂隙中扩散、充填、压实、脱水的动力。注浆压力太低，浆液就不能充填裂缝，扩散范围也有限，注浆质量也差。注浆压力太高，会引起裂隙扩大、岩层移动和抬升，浆液易扩散到预定注浆范围之外，造成浪费，特别是在浅埋隧道，会引起地表隆起。因此，合理选择注浆压力，是注浆成功的关键。一般围岩注浆压力应比静水压力大 0.5~1.5MPa。

注浆材料宜采用水抛浆液、超细水泥浆液、自流平水泥浆液等。为了检查注浆效果，通常在分析资料的基础上采取钻孔取芯法。有条件时，还可采用物探法。钻孔取芯法是指按设计要求在注浆薄弱的地方钻检查孔，检查浆液扩散、固结情况。必要时进行压（抽）水试验，当检查孔的吸水量大于1.0L/(min·m)时，必须补充注浆。注浆结束后，应将注浆孔及检查孔封填密实。

j. 隧道无仰拱病害处治。

由于地基为膨胀性岩层或承载力不足而引起局部下沉，造成隧道边墙挤出、路面出现裂纹时，如果下沉不严重，可扩大基础来提高其承载能力；如果下沉较严重，可在路面下加设仰拱。在仰拱施工中应加强交通管理及采取相应的施工安全措施，必要时可封闭交通以便施工。

采用增设仰拱的方法处治病害时，仰拱的厚度应根据围岩情况确定。应使用拱架模板浇筑仰拱混凝土。

采用更换衬砌的方法处治病害时，衬砌的内轮廓线必须与原衬砌内轮廓线一致。施工前应收集衬砌背面空洞和围岩垮塌资料，必要时可用超声波检测。拆除衬砌时，应根据围岩的地质情况及时进行支承。施工时，在不影响通行的情况下，可采用简易施工台车。

第 6 节　沿线设施快速修复

为了及时消除公路安全隐患，提高交通安全性，应及时对交通安全设施进行维护、清洗、修复，确保交通安全设施修复工作规范、标准、到位。公路交通安全设施主要有防撞护栏、交通标志、隔离栅、避险车道等。

（1）缆索式护栏维修

缆索式护栏由立柱、托架、缆索、卡具、锚具等组成。一般中间立柱容易丢失或损坏，宜采用上下弯钩固定立柱，当立柱损坏时，采取校正或更换立柱的方法。

当钢丝绳损坏时，先使用手扳棘轮紧线器将卡板扳到松线的位置，将钢丝绳全部拉出，再将挂钩挂在固定点上，然后将卡板扳到紧线位置，将手扳棘轮紧线器沿着绳索向前伸，把需要拉紧的绳索卡入手扳棘轮紧线器的卡线口内，一只手将卡入手扳棘轮紧线器卡线口内的绳索捏紧，另一只手扳动手扳棘轮紧线器的收线扳手，慢慢收紧绳（图 4-13）。

图 4-13　缆索式护栏维修

（2）波形梁护栏维修

为了最大限度地降低交通事故的危害程度,在公路两侧及中央隔离带一般均设有防撞 W 波形护栏板和防撞钢管立柱,而它们是公路上容易遭到损坏的交通安全设施。

①维修方法。

对于已变形的防阻块(即连接隔套),采用就地校正和更换新件的方法;对于损坏严重的防阻块,则应更换新件。对于被严重撞弯及损坏的防撞钢管立柱,采取拔桩更换的方法;对于撞弯不严重的钢管立柱,采用就地修复的方法,使用千斤顶、撬杠等工具校正。更换波形梁护栏施工流程详见表 4-13,现场施工作业如图 4-14 所示。

更换波形梁护栏施工流程　　　　　　　　　　　　表 4-13

工　序	工 作 内 容
拆除损坏的波形梁护栏	作业前先拆除已损坏的波形梁护栏、防阻块、连接螺栓、立柱等,并现场分类堆放好,完工后集中运走
安装立柱	先根据原立柱的位置确定立柱孔的位置。 打桩机施工:采用打桩机将立柱按确定的位置打入路基中,施工时应确保立柱高度一致,并与道路线形相协调。若打入时立柱出现偏移,需将其全部拔出并加以校正,待基础压实后再重新打入。 挖孔法施工:人工将孔位的路基填土挖除,再将立柱放入孔中,回填 15 号水泥混凝土。孔的尺寸为宽度 60cm,长度 60cm,深度不小于 60cm
安装波形梁护栏	防阻块安装:立柱安装好后安装防阻块。防阻块通过连接螺栓固定在波形梁护栏与立柱之间,在拧紧连接螺栓前应调整防阻块使其准确就位。 波形梁护栏安装:波形梁护栏通过拼接螺栓相互拼接,并由连接螺栓固定在立柱或横梁上。波形梁护栏的连接螺栓及拼接螺栓不宜过早拧紧,以便在安装过程中利用波形梁护栏的长圆孔及时调整,使其形成平顺的线形,避免局部凹凸。波形梁护栏线形应与道路竖曲线相协调,当波形梁护栏的线形符合要求后,再拧紧螺栓
清理现场	施工完毕,将作业现场的损坏件装车运走,将垃圾清扫干净并运离现场

| a) 巡道发现病害 | b) 拆除损坏件 |
| c) 损坏件装车 | d) 安装新护栏 |

图4-14 波形梁护栏现场施工作业

②维修作业要求。

波形梁钢护栏的防护等级和路侧最小设置长度应符合《公路交通安全设施设计规范》(JTG D81—2017)和《高速公路交通工程及沿线设施设计通用规范》(JTG D80—2006)的规定。波形梁钢护栏构件的材质、几何尺寸应符合《波形梁钢护栏 第1部分：两波形梁钢护栏》(GB/T 31439.1—2015)、《波形梁钢护栏 第2部分：三波形梁钢护栏》(GB/T 31439.2—2015)的规定,防腐层质量应符合《公路交通工程钢构件防腐技术条件》(GB/T 18226—2015)的规定;局部更换的波形梁钢护栏的材质、几何尺寸应与相邻的原有波形梁钢护栏一致。波形梁钢护栏板的端部、中央分隔带开口及护栏过渡段的处理应符合设计要求。波形梁护栏连接部件应连接牢固。

③更换波形梁护栏注意事项。

波形梁护栏先拆除再安装,波形梁护栏安装时,通过拼接螺栓相互拼接,并由连接螺栓固定在立柱或横梁上。波形梁护栏的拼接方向是安装的关键,施工时应保证搭接方向与行车方向一致。

波形梁护栏在安装过程中要不断调整,因此连接螺栓及拼接螺栓不宜过早拧紧,以便在安装过程中利用波形梁护栏的长圆孔及时调整,形成平顺的线形,避免局部凹凸。

安装时波形梁护栏的顶面应与道路竖曲线相协调,并检查护栏的线形。当确定线形比较直顺和流畅时,方可拧紧螺栓。

(3)交通标志更换

交通标志标牌的尺寸和质量应符合《道路交通标志和标线 第2部分:道路交通标志》(GB 5768.2—2009)的要求。交通标志标牌安装位置应准确,角度应符合要求,且安装牢固。交通标志标牌应清晰,反光效果明显。交通标志标牌更换施工流程详见表4-14。

交通标志标牌更换施工流程 表4-14

工 序	工 作 内 容
拆除损坏的标志标牌	用扳手和铁钳把螺栓或螺钉拧松,取出损坏的交通标志标牌,必要时使用电焊机配合作业。如果标志标牌位置较高,应配合使用移动升降机或高空作业车作业。取下的标志标牌统一堆放、集中运走

工　序	工 作 内 容
安装新的标志标牌	把新的标志标牌按原来的位置复位(或按新的设计位置安装),穿上螺栓或螺钉,但螺栓或螺钉不能拧紧,以便调校标志标牌的倾斜角度和方位角度。用水平尺调校标志标牌的倾斜度和方位角,要求标志标牌水平、视觉符合行车要求。待标志标牌调校好后再将螺栓或螺钉拧紧固定
清理现场	将取下的废弃标志标牌集中用车运离现场,并将现场清扫干净

(4)隔离栅维护

隔离栅更换、增设应符合下列要求:

①所有金属构件的材质、规格及防腐处理、接头位置应符合设计要求。

②明显变形和弯曲度超过10mm/m的构件不得使用。

③立柱埋深和基础尺寸应符合设计要求。

④立柱与金属栏之间的连接应稳固。

⑤竖直杆件顶端应有端盖,隔离栅的起终点应符合端头封围的设计要求。

隔离栅维护施工工序及作业要求详见表4-15。

隔离栅维护施工工序及作业要求　　　　　　　表4-15

工　序	工 作 内 容
预制钢筋混凝土立柱	钢筋混凝土立柱集中预制,立柱的强度和尺寸应遵照原设计图纸要求
安装立柱	人工开挖立柱基坑,基坑的尺寸应符合原设计图纸要求。将立柱放入基坑,检查立柱顶高程和垂直度,符合要求后方可浇筑15号水泥混凝土
安装隔离栅	浸塑电焊网的安装:将电焊网挂在立柱挂钩上,拧紧螺栓或螺钉,扣牢电焊网。 刺铁丝网的安装:安装时要求从端头立柱开始,刺铁丝之间要求平行、平直。绷紧后用镀锌铁丝与立柱的铁钩绑扎固定,或用铁钩固定,横向与斜向刺铁丝相交处用镀锌铁丝绑扎

(5)避险车道维护

根据历史事故资料,在多次发生车辆因制动失效冲出路外且地形条件许可的长大下坡路段,应修建避险车道。一条完善的避险车道由避险车道引道、避险车道、服务车道及配套的交通设施组成。

在避险车道被使用、失控车辆被拖出避险车道制动床之后,应尽快铺平制动床集料。即使没有车辆驶入避险车道,也要定期翻松制动床集料(图4-15),以免集料压实,每次翻松至少60cm深。冬季应注意防止制动床集料冻结。

a)　　　　　　　　　　　　　　　　b)

图4-15　翻松制动床集料

第 7 节　冬季除冰雪

冬季公路养护的重点工作是及时、迅速地清除道路积雪,保障公路畅通和人民群众的出行安全。

（1）除冰雪作业要求

在冬季除冰雪作业中,应按照不同等级的道路分类制定专业机械作业规程。国省干线公路应采用多级机械联合作业清除积雪（图4-16）。除雪机械在靠中央分隔带的行车道上行驶,沿行车方向向外侧清除积雪,此方式的优点:一是沿行车方向行驶、清除积雪受其他行车的干扰小,可以提高作业效率及安全性;二是沿中央分隔带向两侧清雪,可依次将路面积雪全部清除至路肩外,避免二次清运或积雪因行车而碾压密实,达到省工、省时、省费用的效果。

a)

b)

c)

d)

图4-16　国省干线公路冬季除冰雪作业

除雪机械前后应设置警示车辆,警示过往车辆注意行车安全、保持车距、禁止超车。在除雪过程中,所有除雪机械尽量不要随意提起刀片,以避免出现雪堆。

如图4-17、图4-18所示,多排除雪机械作业时,除雪机械要保持100～150m的安全车距,铲刀铲迹搭接30～80cm,并注意各种机械作业速度的协调,后一台除雪机械要及时根据前一台除雪机械推出的积雪厚度随时调整推雪板的搭接宽度,避免出现雪梗,紧急停车带处应使用抛雪机将积雪抛至路基以外。在中雪或大雪时,公路除雪应由3～4台除雪机械进行同向组合式梯次排列作业,按照超车道→行车道→硬路肩的次序进行流水除雪作业。

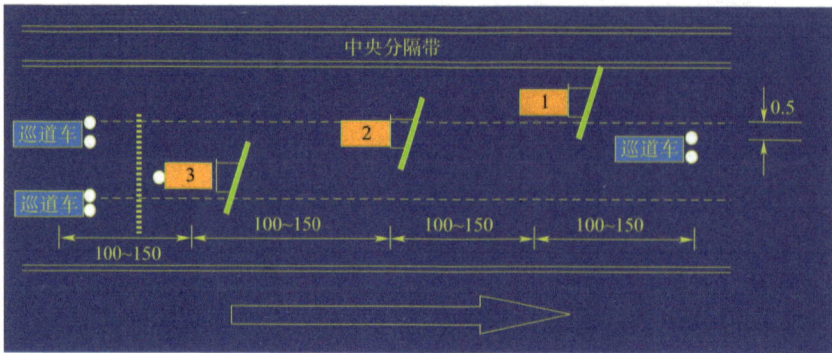

图 4-17　多排机械除雪示意图(尺寸单位:m)

a)　　　　　　　　　　　　　　　b)

图 4-18　机械联合除雪作业

(2)除雪机械作业注意事项

一般车道两侧容易形成积雪,可将车载雪犁式除雪机或平地机安排在内侧,再安排另一台平地机(或车载雪犁式除雪机或配备推雪铲的轮式装载机)随后错位作业,当路面积雪都被清除到路肩后,再使用旋抛式除雪机或车载雪犁式除雪机进行除雪作业。

平地机及轮式装载机(配备推雪铲)的作业速度应控制在 15km/h 左右;旋抛式除雪机的作业速度应控制在 25km/h 左右;车载雪犁式除雪机的作业速度应控制在 40 ~ 60km/h 之间,除雪效果较好。

除雪作业时,可不封闭交通,但应协调公安交警或交通运输综合执法部门维持交通,引导车辆,限制车速,控制车流,避免超车,保证除雪作业安全。

除雪机械顶部应安装旋转警示灯,车辆尾部应安装爆闪灯,作业时应开启警示灯。在高架桥、大型桥梁进行除雪作业时不应撒融雪剂,尽量撒工业炉渣或防滑砂,以减少对混凝土构件的腐蚀。如遇特殊原因必须撒融雪剂时,在入冬前,要对桥涵的栏杆、帽石采用贴 SPS(高聚物改性沥青防水卷材)或刷防腐剂等办法进行防腐处理。

车载雪犁式除雪机、平地机、装载机及轮式推土机在除雪作业时要注意避让桥梁伸缩缝、帽石、标志等沿线设施,以免发生碰撞事故,造成除雪机械及公路沿线设施的损坏。

车载雪犁式除雪机、平地机、装载机及轮式推土机在山区、坡道进行上坡除雪作业时,经常由于坡道及压实雪的阻力造成除雪机械驻车,若强行推进则容易造成机械损坏,此时应采取迂回的方法,封闭交通,收起除雪机械的铲刀,将除雪机械开到坡道顶端,掉转车头从高处向低处进行除雪作业,这样效果较好。

(3)除雪机械的配置

根据各地区常见冰雪灾害的不同,除雪机械在配置上应统筹兼顾、保障重点。采取专用除雪机械和通用工程机械相结合的方式,考虑除雪抢险机械的机种、机型和数量的搭配,并制定相应的防雪保交通机械布设方案,提前主动地在国省干线、重点路段、雪害多发地段布设防雪保交通机械。

冬季保交通除雪机械布设方案必须做到"三个到位",即除雪机械在规定日期之前必须布设到位;在冬季来临前各单位储备的油料、融雪剂、防滑砂等抢险物资必须到位;除雪机械值班驾驶人员必须到位,常备不懈,防患于未然。

第5章 公路突发事件处置

自然灾害和人为事故(事件)这两大类灾害引发的各类突发事件是影响和威胁公路及其设施安全的主要不利因素。公路养护管理单位应结合公路设施的特点,按"以防为主、防抢结合"的原则,制定各类突发事件应急处置预案,采取有效的措施控制危险源,防止甚至杜绝突发事件的发生,确保公路安全与设施安全。

第 1 节 公路灾害应急处置流程

公路养护管理单位接到灾害事件报告后,根据突发事件的性质、范围、损失及伤亡情况,按程序快速处理,最大限度地减少突发事件造成的损失。应急响应各方通力配合,进行协作救援。信息报告做到迅速、准确,信息传达、跟踪、反馈、汇总做到"四个及时"(及时接收、及时呈递、及时处理、及时上报)。及时确定绕行路线或交通疏导措施,安排专人疏导交通。有关收费站迅速开通救灾通道,保证救援物资、设备的运输。公路突发事件应急处置流程如图5-1所示。

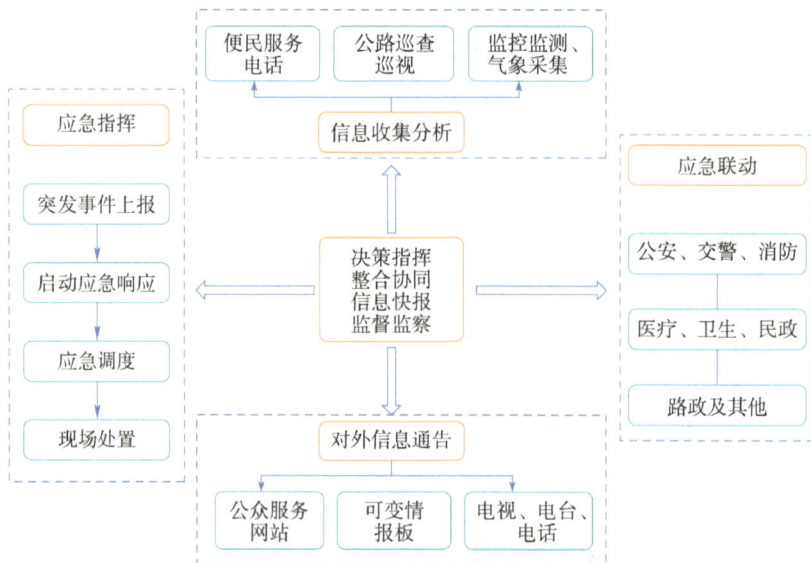

图5-1 公路突发事件应急处置流程图

第 2 节　公路灾害现场清障工作

公路灾害清障分为交通事故清障、危险品清障、紧急事件清障等。公路发生灾害时，要及时进行清障、救援等作业，修复因灾害损毁的公路设施，及时疏通公路。

（1）一般灾害事件清障

一般灾害事件现场清障实施步骤如下：

①养护单位接到清障任务后，对事件进行评估，根据事件类型上报信息并立即召集清障专业队，组织相应的清障车辆、清障材料和器具。

②管理单位应急指挥中心发布相关交通阻断信息。

③养护单位清障专业队到达事故现场后立即设置交通警示标志，协助交警、交通运输综合执法部门人员等进行现场车辆的疏散、分流（必要时可开启中央分隔带的紧急开口）。

④待路产损失统计完毕后，清障专业队先清理现场散落物，再将事故车拖至就近硬路肩，确保交通尽快恢复。

⑤现场清障任务完成后，由养护单位驻地监理及管理人员进行验收，及时撤除交通警示标志，填写相关记录并打电话通知监控分中心，撤销可变信息标志和限速标志上的相关信息。

公路灾害事件现场清障工作流程如图 5-2 所示。

（2）重特大事故清障处置

为确保公路安全、畅通，公路管理单位应制定重特大交通事故清障应急措施，成立重特大事故清障领导小组，设置重特大事故清障处置办公室，组建重特大事故清障专家技术指导组，负责迅速制定现场清障处置方案，并具体指导现场清障员实施清障。重特大事故清障处置办公室应建立重特大事故清障技术专家信息库，建立沿线省、市、县各级地方人民政府、公安、交警、消防、医院等相关部门领导、专家及联络人员信息库。重特大事故清障处置原则和要求如下：

①危险品故障车的现场清障处置。巡查人员发现危险品故障车后，应立即配合交（巡）警保护现场，通知消防部门赶赴现场处置。同时分别由所在各路段的交警部门负责向当地县级以上人民政府和上一级公路重特大事故清障处置办公室汇报，并请地方人民政府领导及重特大事故清障领导小组赶赴现场，共同商定现场处置方案。

②10 辆以上车辆追尾等重特大事故的现场清障处置。确因人力、设备不足的，向重特大事故清障处置办公室请示，由重特大事故清障处置办公室统一调派人员、装备，并指派专家技术人员赶赴现场参与指挥调度。

③特种车型等疑难问题的特情处置。经所在部门申请，可在上一级业务部门管理范围内借调技术人员和技术装备支援开展清障特情处置的，可参照《处置重特大道路运输安全事故应急预案》。

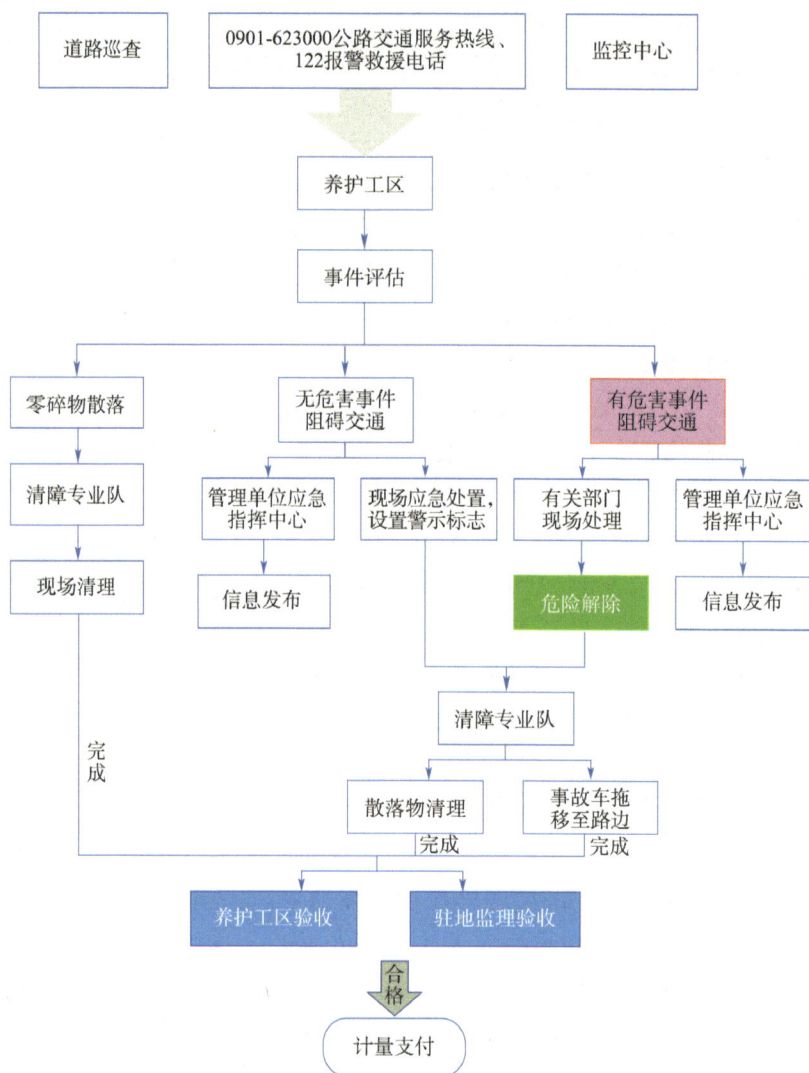

图 5-2 公路灾害事件现场清障工作流程图

④重特大事故清障的后勤保障。原则上由所在路段的清障部门负责重特大事故清障费用的结算,按规定由所在路段的清障部门向当事人收取。其他单位和部门因支援重特大事故清障处置而发生的直接费用,由所在路段的清障部门负担,重特大事故清障处置办公室具体负责审核、划拨。

第 3 节　公路水毁应急抢险工作

公路水毁是指因洪水造成的公路建筑物的各种类型、程度不同的破坏。路基冲刷水毁主要发生在山区路基的填方路段,挖方路段一般发生滑坡、崩塌等灾害。公路水毁应急抢险工作流程如图 5-3 所示,现场抢险作业如图 5-4 所示。

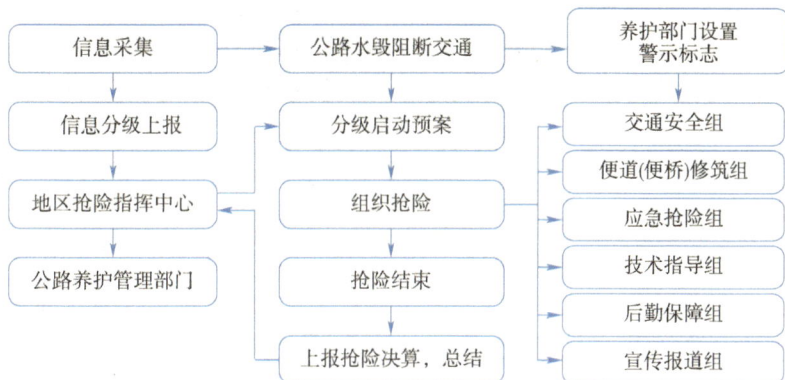

图 5-3 公路水毁应急抢险工作流程图

a)   b)

图 5-4 公路水毁现场抢险作业

第 4 节 冬季防风雪保交通工作

冬季气候严寒,存在道路结冰、路面湿滑、能见度低等问题,特殊路段甚至存在雪崩、风吹雪等灾害,导致公路通行不畅。

公路冬季冰雪灾害主要分为三大类:自然积雪、风吹雪、冰冻。养护管理部门应针对不同的冰雪灾害类型采取不同的应急处置措施。公路冬季冰雪灾害分类如图 5-5 所示。

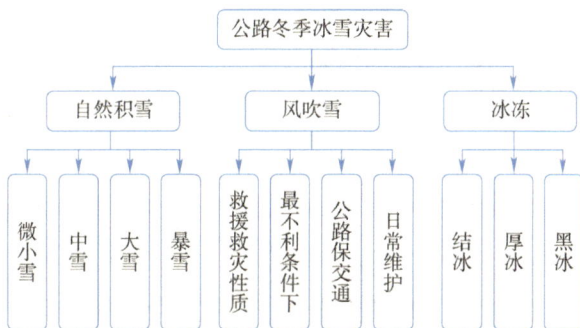

图 5-5 公路冬季冰雪灾害分类

（1）冬季冰雪灾害应急管理

按照"统一指挥、协调联动、快速反应、果断处理、恢复交通"的原则，确保冬季道路安全、畅通。当出现蓝色、黄色、橙色、红色降雪预警信号或黄色、橙色、红色道路结冰预警信号时，应及时采取相应的公路冰雪灾害处理措施。

除冰雪保畅通工作的总方针为机械除雪为主，适当撒布环保型融雪剂，局部采用人工除雪。冰雪灾害应急管理分为灾害前、灾害中及灾害后三个阶段，冬季公路养护应急管理流程如图5-6所示。

公路管养单位应建立健全组织机构，成立公路养护单位及公路管理单位两级防风雪保交通领导小组，完善应急预案，落实各项规章制度，派驻冬季抢险基地监理人员。冬季防风雪保交通组织机构如图5-7所示。

图5-6　冬季公路养护应急管理流程

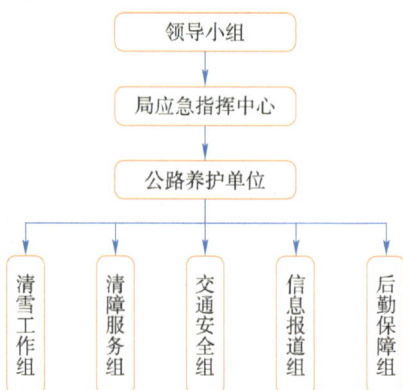

图5-7　冬季防风雪保交通组织机构图

公路养护单位应加强公路巡查，及时掌握动态信息。存在较大交通隐患时，通知交警部门封闭交通，同时对封闭路段进行全面巡查，以确保封闭路段内无滞留车辆，待风势减弱或风停后，清除积雪。

公路管理单位应建立完善的冬季应急信息管理制度，确保信息的统一、真实、准确，并及时做好信息汇总、上报工作。冬季防风雪保交通信息发布网络如图5-8所示。

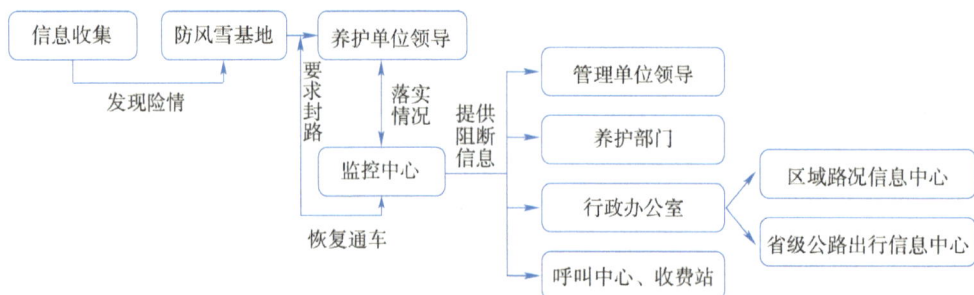

图5-8　冬季防风雪保交通信息发布网络图

公路管养单位应做好冬季防风雪保交通的各项准备工作，具体内容详见表5-1。

冬季防风雪保交通的各项准备工作   表 5-1

分　类	工　作　内　容		
配备的材料	融雪剂	有环保要求的路段必须使用环保型融雪剂	养护工区所辖公路宜按每100km（双向四车道）不少于200t融雪剂储备
	防滑材料	以砂、碎石、灰渣掺少许融雪剂为主	
配备的设备	旋抛式除雪机	用于清除浮雪	宜按每100km公路（双向四车道）不少于1套设备配备
	多功能作业车、平地机	多功能作业车用于撒布融雪剂及除雪，平地机用于清除已经压实的积雪	
	材料运输车	用于运送融雪材料和防滑材料	
	示警车	每个除雪作业组要配置一台示警车，警告过往车辆注意安全，禁止超车	
其他准备工作	清除雪阻路段路基两侧积雪或影响机械清雪的障碍物		
	检查维修路基、路面、桥梁伸缩缝，以免影响除雪机械作业		
	对公路交通安全标志特别是视线诱导标、轮廓标等进行排查，维修、更换损坏的交通安全标志，保证标志完整、清晰、醒目。增设临时、醒目的冬季安全警示标志		
	对撒融雪剂路段的桥涵及混凝土构造物做好防腐处理。检修加固防雪栅栏、导风板、防雪墙等公路防风雪设施		

（2）冬季冰雪灾害应急处置措施

冬季防风雪保交通工作的主要内容：对因雪崩或风吹雪等引起的交通阻断进行抢险救援，清除路面积雪、积冰，修补路面坑槽，更换严重损坏和缺失的沿线设施，保障公路安全通行。公路自然积雪及防冰冻应急处置措施详见表5-2。

公路自然积雪及防冰冻应急处置措施   表 5-2

分　类	降雪(结冰)厚度 H(cm)	处置措施
微雪	$H<1$	通过日光照射及行车碾压，自行融化
小雪	$1\leq H<5$	采用机械除雪，根据实际路况，在背阳处、急弯陡坡处等可适当撒融雪剂或防滑砂
中雪	$5\leq H<10$	以机械连续除雪作业为主，可根据具体情况撒少量融雪剂
大雪	$10\leq H<20$	根据天气预报并结合实际情况，先保证清除至少一条车道的积雪，再清除路面的全部积雪。有时需要及时组织各类除雪机械进行反复除雪，可根据具体情况撒一定量融雪剂
暴雪	$H\geq20$	采用连续、多机械联合作业，保证迅速清除至少一条车道的积雪，待雪停后，及时将紧急停车带、路肩部分的积雪清除至路基以外。部分路面残留薄层雪时，应补撒融雪剂

续上表

分　类	降雪(结冰)厚度 $H(\text{cm})$	处　置　措　施
结冰较薄	$H<1$	在路面结冰处撒布 $20\,\text{g/m}^2$ 融雪剂和防滑材料,使其自然融化,再用机械清除
结冰较厚	$H\geq1$	在路面结冰处撒布 $30\sim40\,\text{g/m}^2$ 融雪剂和防滑材料,使其自上而下逐渐融化,待冰层表面湿软后使用平地机或轮式推土机等设备清除

公路风吹雪灾害应急处置措施详见表5-3。公路除雪质量、时限要求及标准见表5-4。冬季防风雪保交通除雪作业如图5-9所示。

公路风吹雪灾害应急处置措施　　　　　　　　　表 5-3

分　类	处　置　措　施
救援救灾性质工作	该项工作通常伴随着能见度低、雪量较大、天气冷以及辖区有被困人员和车辆等情况,在机械安排上应考虑使用速度快、效率高、功率大的设备,尽可能缩短救援时间,确保公众生命和财产安全
公路保通工作	该项工作一般都在风雪渐停或停止后,能见度较高的情况下开展。根据公路技术等级不同,清雪宽度和平整度以满足相应技术等级的行车要求为前提,选择合适的机械进行全面清雪,并及时组织人员辅助工作
日常维护工作	在公路保通工作完成后,要加强风雪路段的巡道工作,根据具体情况,选择适当机械对个别位置残留的积雪及杂物予以清理,确保车辆的安全行驶
最不利条件下的工作	最不利条件包括:一是降雪并伴随大风,这种情况下能见度低或极低;二是积雪厚度较大,路面和公路两侧被雪覆盖,在强光直射下产生极强的反射光线,迎光方向驾驶员的视线受到干扰。最不利条件下清雪工作难度大,并有很大的安全隐患,除雪机械的行驶速度不宜过快,并应随时观察清理工作范围的地形、地貌,调整机械清雪过程中的方位,清理工作过程中驾驶员必须时刻保持安全防护意识

公路除雪质量、时限要求及标准　　　　　　　　　表 5-4

分　类		要求及标准
除雪质量	机械除雪	高速公路、一级公路:每次除雪后,要求行车道、超车道90%以上路段露出路面,且冰雪残留部分不得连续,每段长度应不大于5m,减速车道、匝道露出黑色路面;连接线的积雪应清除干净。 国省道干线公路:每次除雪后,要求路面行车道部分露出黑色路面,路面裸露率在80%以上,每千米行车道内残留冰雪面积不超过行车道路面的20%,且冰雪残留部分不得连续,每段长度应不大于5m。 场区、服务区除雪标准:服务区停车场、收费站收费口、收费广场内无积雪
	人工除雪	活动开口护栏处、中央分隔带隔离墩处、路缘带内的积雪应清除干净。 中央分隔带内无大片积雪,应急车道上的积雪应清除到拦水带或路缘石外,堆放高度低于护栏底边高度。应及时疏通、排除路面融雪水,疏通排水通道,路面无积水。重点路段处较高一侧积雪应清除干净
除雪时限	高速公路、一级公路	小雪在雪停后12h内清除;中雪在雪停后24h内清除;大雪在雪停后36h内清除。清雪完毕后,行车道、超车道90%以上路段露出黑色路面
	国省道干线公路	小雪在雪停后24h内清除;中雪在雪停后48h内清除;大雪在雪停后72h内清除

a)　　　　　　　　　　　　　　　　b)

图 5-9　冬季防风雪保交通除雪作业

第 5 节　隧道突发事件应急处置

公路隧道突发事件应该在已有的隧道设施的基础上,针对不同的灾害类型和规模,制定详细的抢险救灾流程。突发事件处理结束后,应分析事故原因,总结经验教训,提高应急处置能力。

隧道突发事件应急处置的原则:按相关规定报送相关单位和向社会发布信息;配合实行交通管制,采取措施减少次生事故发生;进行人员救护和疏散,尽量减少人员伤亡;配合所在地政府和相关专业机构做好处置工作;尽快清除障碍,恢复交通。

(1)隧道交通事故应急处置

当隧道发生交通事故时,隧道内的管理人员应当给予事故车辆援助,并迅速报告公安机关交通管理部门。如果发生人员伤亡,因抢救受伤人员变动现场的,应当标明位置。

公安交警部门接到交通事故报警后,应当立即赶赴现场,组织抢救受伤人员,并采取措施,尽快恢复交通。

隧道发生交通事故后,交通运输综合执法人员、隧道管养人员现场检查隧道设施,查看路面、检修道、衬砌、消火栓及灭火器、横通道门、引导设施等有无损坏和污染,确定需要检修的项目。公路隧道交通事故应急处置流程如图 5-10 所示。

(2)隧道火灾应急处置

当隧道内出现火警时,交通管制非常重要。公路隧道往往设有双洞,这时可封闭其中一个洞,将另一个洞改单向行驶为双向行驶,并利用车行横通道和人行横通道将车流和人流引入另一个洞内,以疏导交通并减少人员伤亡和车辆损失。隧道监控中心接到报警或监测发现火警后,首先要在进洞口前的可变信息标志及时显示火灾警示信息,启动火灾事故应急预案。

当隧道中出现火警时,要充分利用洞内消防设施,用灭火器和消防栓龙头灭火。利用事故路段的有线广播呼叫,引导驾驶员利用附近的消防器材进行现场自救。使用交通监控系统进行交通管制,更改来车方向的交通指示信号灯、可变信息标志、可变限速标志等,诱导指挥着火路段交通。及时将现场信息反馈给相关业务单位、部门,有伤员则联系 120 急救中心。隧道发生火灾事故后,交通运输综合执法人员、隧道管养人员应对事故现场实况进行查看,并结合隧道监控室的录像资料进行分析,确定需要检修的项目。隧道火灾事故应急处置流程如图 5-11 所示。

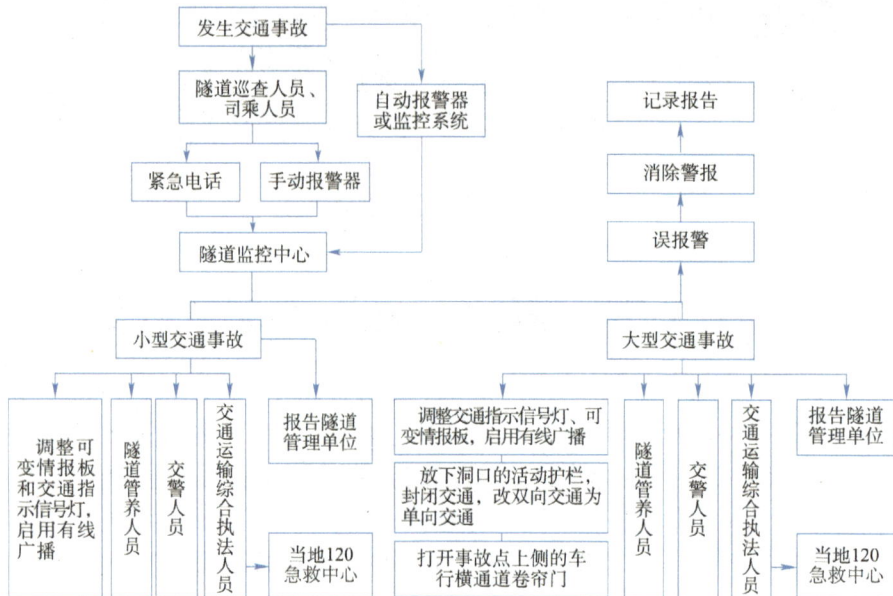

发生交通事故

隧道巡查人员、司乘人员 — 自动报警器或监控系统

记录报告

紧急电话 — 手动报警器

消除警报

误报警

隧道监控中心

小型交通事故 | 大型交通事故

报告隧道管理单位

小型交通事故:
- 调整可变情报板和交通指示信号灯,启用有线广播
- 隧道管养人员
- 交警人员
- 交通运输综合执法人员
- 当地120急救中心

大型交通事故:
- 调整交通指示信号灯、可变情报板,启用有线广播
- 放下洞口的活动护栏,封闭交通,改双向交通为单向交通
- 打开事故点上侧的车行横通道卷帘门
- 隧道管养人员
- 交警人员
- 交通运输综合执法人员
- 报告隧道管理单位
- 当地120急救中心

图 5-10 公路隧道交通事故应急处置流程图

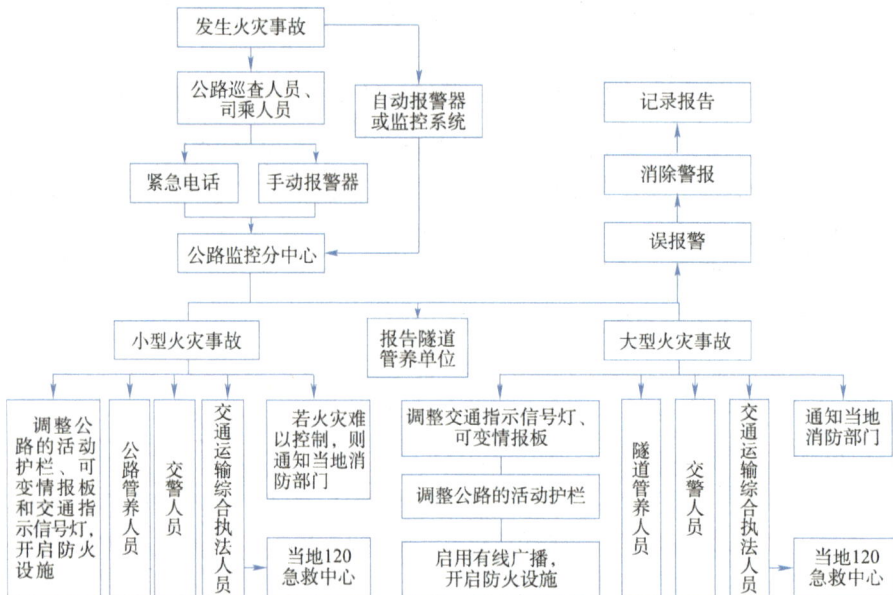

发生火灾事故

公路巡查人员、司乘人员 — 自动报警器或监控系统

记录报告

紧急电话 — 手动报警器

消除警报

误报警

公路监控分中心

小型火灾事故 | 报告隧道管养单位 | 大型火灾事故

小型火灾事故:
- 调整公路的活动护栏、可变情报板和交通指示信号灯,开启防火设施
- 公路管养人员
- 交警人员
- 交通运输综合执法人员
- 若火灾难以控制,则通知当地消防部门
- 当地120急救中心

大型火灾事故:
- 调整交通指示信号灯、可变情报板
- 调整公路的活动护栏
- 启用有线广播,开启防火设施
- 隧道管养人员
- 交警人员
- 交通运输综合执法人员
- 通知当地消防部门
- 当地120急救中心

图 5-11 隧道火灾事故应急处置流程图

（3）隧道危险品泄漏事故应急处置

当隧道发生危险品泄漏事故时,进入现场人员应配备、使用防毒面具。若无法确定是何种危险品,则立即进行人员疏散,确保人身安全。根据现场风向及险情确定是否打开风机及事故路段的全部基本灯。若为易燃、易爆物品,则现场严格禁止一切电气开关

操作。若事故前方人员已疏散,则打开风机保持现场空气流通。待专业处理人员到达现场后,将现场移交给专业处理人员,并协助其工作。

隧道发生危险品泄漏事故后,隧道管理部门应协同当地环境保护部门进行灾后隧道内设施的修复工作,因地制宜地采取修复措施。公路隧道危险品泄漏事故应急处置流程如图 5-12 所示。

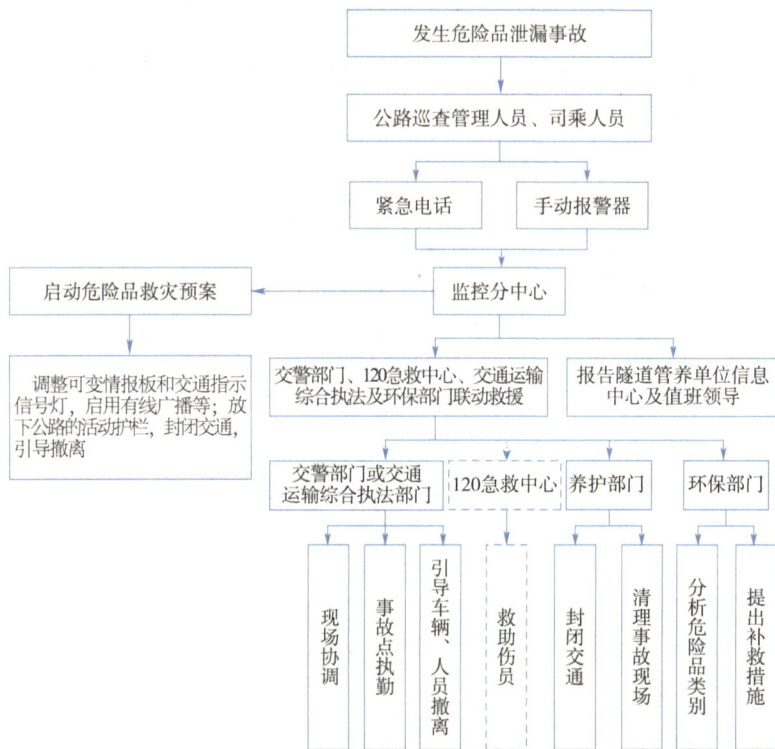

图 5-12　公路隧道危险品泄漏事故应急处置流程图

第 6 节　公路交通事故应急处置

由于公路交通是分道单向行驶的,一般同向车辆相撞的事故较少。有时出现大雾,或出现夜间占道修车、修路未开启车后警示灯和设置施工提醒标志及警告灯等情况,则易发生撞车事故,而撞车后往往发生追尾恶性事故。

车辆对撞多由于超速行驶或酒后驾驶、无证驾驶,其越过中央分隔带护栏,撞入反向行驶车道中,从而发生撞车事故。另外,夜间驾驶员因目眩而引起车辆失控,将车开入对向车道,也会造成撞车事故。

对于撞车事故,交警、交通运输综合执法人员应及时出动,并疏导交通,按章处理善后。如遇需要急救者,则拨打"120"急救电话抢救伤员,及时恢复交通,修复损坏的安全设施,避免发生二次恶性事故。

第 7 节 其他灾害处置措施

(1)大雾天气的处置

雾是空气中的水蒸气接近地面后遇冷凝结形成的飘浮在空气中的大量粒状水或冰晶。它弥漫在大气中,造成能见度降低,使视野不清,难以辨识路上的标志、标线或其他信号,影响汽车在道路上的行驶速度与安全。

雾存在地区性、季节性和时限性。它多在大河、山区和个别特殊地形区域形成,往往造成车辆追尾和侧向滑移甚至翻倒,是冬季防范的重点。因此应采取一定的措施加以防范,以提高车辆运行的安全度,减少事故的发生。

能见距离是指在当时的天气条件下,正常人的视力能将目标物的轮廓从天空背景中区别出来的最大水平距离,能见距离的相应等级称为能见度。根据能见度的不同将雾划分为 6 个等级,详见表 5-5。

雾 的 等 级　　　　　　　　　　　　　　　　　　　　　表 5-5

雾的等级	0	1	2	3	4	5
能见度(m)	≥500	200 ~ <500	120 ~ <200	80 ~ <120	50 ~ <80	<50

一般雾的能见度在 300m 以上时,虽然路面潮湿,但基本不影响公路行车;能见度在 200m 以上时,春秋季车辆仍能以一般速度行驶;当能见度再降低时,因行车视距不能满足要求,车辆均应降低速度行驶,否则容易发生事故。

为了保证雾天行车安全,可在不同路段设置红外线雾感应器,它根据接收的信号来判断所测定路段内雾的密度、能见度及分布情况,并反馈到监控分中心,经过汇总、整理后,自动在可变信息标志上显示有关路段的天气情况、行车注意事项及建议行车速度等,以提醒驾驶员注意。

(2)毒气、毒液、放射物等危化品泄漏的处置

一般常见的毒气、毒液、放射物有一氧化碳、氨气、碳氢化合物、四氯化碳、天然气等,尤其氨气对人体危害较大,在空气中会形成放射性气溶胶从而致癌。

毒气、毒液、放射物泄漏对公路的污染和危害,主要是指装有化工原料的汽车在公路上行驶时发生故障,或运输有毒物质的车辆不慎翻倒在公路上或坠落到江河中、山坡下,或突然发生车祸,两车相撞,造成毒性极强的有害气(液)体严重泄漏,污染路面,危及现场人员生命。

公路一般不允许运送有毒品、易燃易爆品、放射物等危险物品的车辆通过,如遇特殊情况,需经公安部门批准,并得到公路管理部门的同意,遵守国家对有毒品、易燃易爆品、放射物的运输管理办法,严格执行进、出口登记制度,并由交警派出安全车在指定时间内引导通过,以保证绝对安全。

遇毒气、毒液、放射物泄漏情况,应及时报警,封闭现场,全力抢救伤员,对泄漏处进

行处理,并采取措施防止危化品扩散,以防其危害人身安全及污染环境。

（3）公路行车火灾的应急处置

公路行车火灾一般是指汽车失火,然后殃及前后车辆,或货车上装有燃点低的物资,在行驶过程中因反复摩擦而自燃起火,或车辆因超载、超速行驶而使轮胎摩擦发热而起火。一旦出现这种情况,司乘人员应用车上自带的干粉灭火器灭火,并求助过往车辆,将火控制在萌发期,避免酿成火灾。

必要时可用紧急电话通知公路管理部门,派出消防车适时灭火,同时还应求助交警和交通运输综合执法人员维持交通秩序,疏导通行车辆,保护公路设施,使消防工作有序进行。

如火灾发生在大桥地段,应将失事车辆迅速驶离大桥,车辆驶离后再采用上述方法及时处理。

为及时应对火灾突发事件,公路管理部门平时应与当地公安消防部门取得联系,必要时可拨打“119”火警电话报警,以便及时将火扑灭。火灾善后工作应及时进行,使交通尽快恢复。

第6章　公路应急管理信息化平台建设

公路管养部门应深入实施"互联网＋公路"系列行动,主要在公路管理体系信息化规划、电子政务、智能养护、公众出行服务、安全应急保障、公路监控与收费管理等领域开展公路应急管理信息化平台建设。

第 1 节　应急指挥中心平台建设

为提高对应急事件的监测预警水平和应急处置能力,实现对公路应急事件的快速反应和联动处置,公路管理部门应依托公路监控中心建立应急指挥中心,使其承担公路应急工作领导小组办公室职责,成为公路应急管理的中枢部门。

(1)应急指挥中心职能

在应急指挥中心模式下,各业务部门将突发信息及时汇总至调度中心,使得对公路突发事件的监测和预警变得更加高效、准确。应急指挥中心作为信息中枢,在应急事件发生后,能准确掌握多方情况、处置进展,并辅助领导做出决策,使各业务部门协调、有序地开展工作。应急指挥中心的日常运营工作包括路网运行监控和日常调度、出行信息发布、应急指挥调度、机电系统维护等。

应急指挥中心的职责如下:

①采集、接收公路突发事件的相关信息,并负责指挥、调度相关部门处理紧急突发事件。

②负责联系气象部门,及时获取雨、雪、雾等恶劣天气信息,通过指挥调度短信平台做好气象预警信息及路况信息发布工作。

③负责联系广播电台、电视台等媒体单位,及时发布公路路况等信息。

④协调、沟通公路交警、消防、卫生救护、环境监测、运输管理等部门处理突发事件,形成联动机制。

⑤负责向有关部门传达领导的指示、命令;掌握突发事件的处理情况,并向上级部门及主管领导报告相关信息。

⑥负责接收公路的清障救援信息,并及时通知辖区交警、交通运输综合执法部门赶赴现场紧急处理。

⑦负责接收有关破坏、损坏公路、公路用地、公路附属设施和影响公路安全行为的

检举或报告,及时指挥、调度相关部门采取有效措施。

⑧负责将因养护作业、恶劣天气、自然灾害及交通事故等导致的部分或全部公路封闭情况及时上报上级领导,并通过公众媒体和公路可变信息标志对外发布警示信息。

⑨负责接收关于公路路况、收费情况、服务质量等信息内容的社会咨询、投诉和举报,并及时转办相关业务部门。

⑩负责通知相关收费站为执行现场抢险、救护任务的车辆开辟紧急通道。

⑪负责及时通知相关部门对公路存在积水或积雪的情况实施联动处理,确保公路的安全、畅通。

⑫负责局网站的日常管理、维护及改建工作。

⑬负责对区域公路施工作业进行审批。

(2)应急指挥中心平台建设目标

应急指挥中心平台是应急管理工作的重要组成部分,必须长远考虑应急指挥中心平台的建设规划,统一建设标准,分步实施,实现资源共享。

应急指挥中心平台建设目标如下:

①采用先进的"3S"和空间数据库技术,以计算机网络、通信为基础,以应急处理为核心,建立一个集卫星定位系统、智能交通、信息管理等技术于一体,准确、高效、快速的交通运输应急联动指挥系统。

②集成公路信息,使应急资源信息采集、信息发布、动态监测及事故分析、管理、决策与空间信息管理融为一体,建立交通综合动态数据监控系统。

③利用宏观和微观交通模型,建立应急指挥决策信息系统,在突发事件、灾害和大型事故发生时,建立交通组织决策系统。

④采用先进的有线与无线通信方式,在对灾害及大型事件的响应上,迅速建立通信支持系统,确保应急指挥系统的顺利运行。

(3)应急指挥中心平台的构成

以现代信息技术、通信技术为支撑,为管理部门提供一个"监管到位、协调联动、响应迅速、处置有效"的智能化应急指挥中心平台。应急指挥中心平台由下列子系统及技术应用组成。

①基于空间信息的应急系统平台。

应急指挥中心平台集监控系统、报警系统、显示系统、通信系统、数据库、决策支持库和软件于一体,实现多部门的联动、应急决策指挥和资源、力量调度;通过卫星定位系统实现突发事件附近的保障物资信息显示,通过地图提供交通分流的合理路径,通过可变情报板发布实时事件信息,通过隧道控制设备进行隧道的封闭控制。

②综合交通信息共享数据管理系统。

建立交通信息共享数据库。通过遥感影像数据分析、多源数据(视频、遥感、微波等)整合、数据挖掘和分析,整合处理与交通相关的各方信息,形成一个跨地区、跨行业的共享空间数据平台,并对数据进行综合分析处理,形成动态交通图。

③综合交通信息共享数据管理系统与 GIS 数据库叠加。

基于空间信息的应急指挥系统,在获得的遥感图像上,与二维公路数据库进行叠加,获取公路灾害或事故的公路里程桩号,及时定位,为突发事件的处理节省时间并实现可视化。

④交通动态监控和报警系统。

交通动态监控和报警系统接入现有的视频监控、控制系统,对交通枢纽、公路网、危险品运输及交通运营等进行安全综合监控。

⑤应急无线通信系统。

应急无线通信系统支持交通现场的视频、语音和数据的传输;为现场车辆提供即时通信和数据;提供应急服务移动视频监控。

⑥无线调度终端系统。

手持终端支持多媒体视频、卫星定位和语音;通过声音、视频等方式对公路封闭、灾害事件等提供及时的应急信息公告服务。

⑦呼叫中心。

呼叫中心是一种集程控交换技术、计算机技术、网络技术和数据库技术于一体的综合信息服务系统。在应急处理中通过呼叫中心电话自动外拨及时预警,通知相关责任人参与突发事件的处理和指挥;同时借助呼叫中心的交互式话音应答(Interactive Voice Response,IVR)流程,提供突发事件实时进展状态的查询。

⑧突发事件处置记录及评估平台。

突发事件处置记录及评估平台建立完善的"黑匣子"功能,对突发事件应对过程进行自动记录、动态更新、及时跟进和反馈突发事件进展,全程跟踪、记录事件处理过程中的语音、短信、电话,最终实时生成物资消耗统计、经验总结等相关内容,为防灾减灾、突发事件应急处置合理性评估、应急预案评估和修订提供第一手数据。

第 2 节　应急管理系统建设

应急管理系统作为一个资讯系统与决策系统紧密结合的信息化软件,其成功的关键在于将两者很好地结合起来,利用移动互联网技术,形成严密的信息传输与管理体系,迅速对突发事件的需求进行回应,并消除决策过程中的不当因素,形成负反馈的闭环控制体系,实现以科技强化应急、用技术协助救援、从信息化调取资源的目标。

(1)系统建设内容

在突发事件应急管理过程中,及时地发布信息和整合各种应急资源需要强大的通信与信息系统做保障,有效的通信与信息系统是应急运输保障的重要支撑和神经中枢。通信与信息系统的建设不仅是软硬件或网络建设,更要提高获取信息、处理信息的能力和利用信息调控突发事件的能力。

①构建应急通信与信息平台。

建立有线与无线相结合、基础电信网络与机动通信系统相配套、公用通信网络和交通专用通信网络相结合的应急通信与信息平台。

应急通信与信息平台包括通信平台和信息平台。此平台既可以作为应急决策、应急指挥调度和向公众发布信息的场所,也可以作为公众向应急指挥中心反馈信息的渠道。

通信平台包括固定与移动电话、无线通信、传真、短信、可视与卫星电话、卫星定位等,并可以依托交通系统电子政务网络和公共信息网络等政府公共通信信息平台实现信息的交互。

信息平台包括信息采集、分析和决策三级信息处理功能。建立应急保障基础数据库,并不断补充和更新数据库,使之准确、及时、完备地发布公告、相关法规、灾害、气象、交通以及突发事件处置情况等方面的最新动态,使公众及时得到全面、可靠的应急保障信息。

②建立标准化和一体化的应急指挥信息系统。

面对公路交通应急保障的四级组织指挥架构和领域广泛、数量庞大、内容繁杂的信息处理需求,应建设统一的标准化、规范化的公路交通应急指挥信息系统,并与其他电子政务系统无缝对接,使其成为政府电子政务系统的重要组成部分。

应急指挥信息系统应有利于应急保障工作的分级响应、联动协作机制的建立。进一步规范各级应急指挥信息系统在体系结构、软硬件平台、数据库结构、应用系统中的作用。

（2）系统总体架构

应急管理系统是以公共安全为核心,以信息技术为支撑,软件和硬件相结合的突发公共事件应急保障技术系统,是实施应急预案的工具,具备日常管理、风险分析、监测监控、预测预警、动态决策、综合协调、应急联动与总结评估等功能。它由基础支撑系统和综合应用系统两大部分组成,即硬件支撑和核心应用。应急管理系统总体架构如图6-1所示。

基础支撑系统包括:通信系统、计算机网络系统、图像接入系统、视频会议系统、移动应急平台、安全支撑系统和灾害事件备份系统等。

综合应用系统包括:综合业务管理系统、风险隐患监测防控系统、预测预警系统、智能方案系统(即数字预案系统)、指挥调度系统、应急资源管理和保障系统、应急评估系统、模拟演练系统和数据库系统。

（3）系统功能结构

应急管理系统是一个集信息管理、应急预警、应急响应、应急处置等功能于一体的平台,主要包括预案管理、应急培训与演练、预防与预警、应急响应与处置、通信保障、统计与分析、GIS地理信息展示、信息发布与沟通、系统管理、路段应急系统导航等十大功能模块。下文主要介绍预防与预警、应急响应与处置、通信保障、GIS地理信息展示、统计与分析五个功能模块。

①预防与预警功能。

预防与预警功能主要包括值守管理、信息采集、预警管理三大功能模块。预防与预警功能模块设计如图6-2所示。

图 6-1　应急管理系统总体架构图

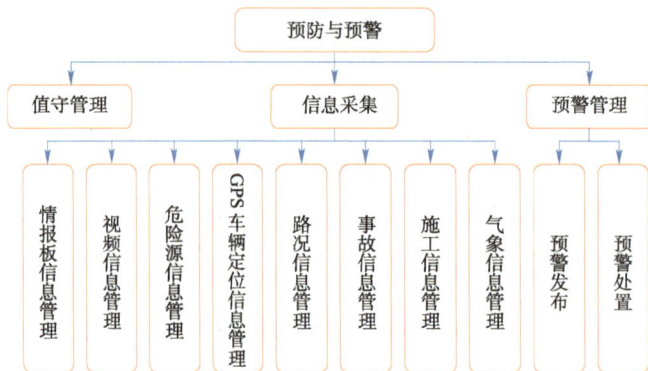

图 6-2　预防与预警功能模块设计图

②应急响应与处置功能。

应急响应与处置功能模块主要包括事件登记、紧急处理与上报、预案启动、应急指挥、恢复与结束等。应急响应与处置业务流程如图 6-3 所示。

③通信保障功能。

应急指挥中心需要配备无线通信设备和无线视频设备,在有线设备不能启动时,要立即启用无线通信设施,确保应急期间通信畅通。

④GIS 地理信息展示功能。

GIS 地理信息展示功能包括对地图、监控视频、情报板信息、卫星定位实时车辆、调度车辆、事件信息、路况信息、事故、施工、仓库及气象等信息的展示。GIS 地理信息展示功能结构设计如图 6-4 所示。

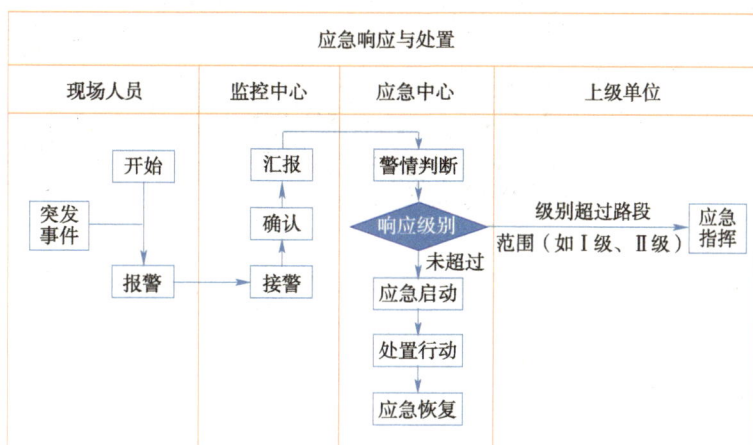

图6-3　应急响应与处置业务流程图

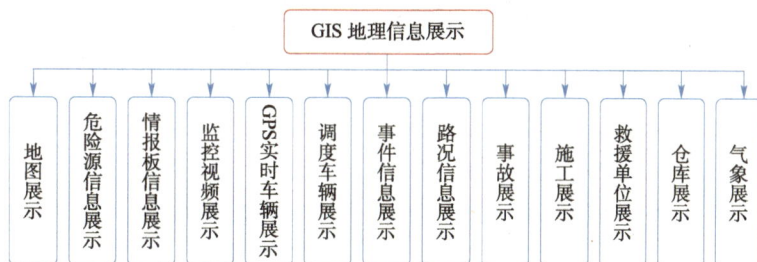

图6-4　GIS地理信息展示功能结构设计图

⑤统计与分析功能。

统计与分析功能包括各类数据统计、事件总结等功能。统计与分析功能结构设计如图6-5所示。

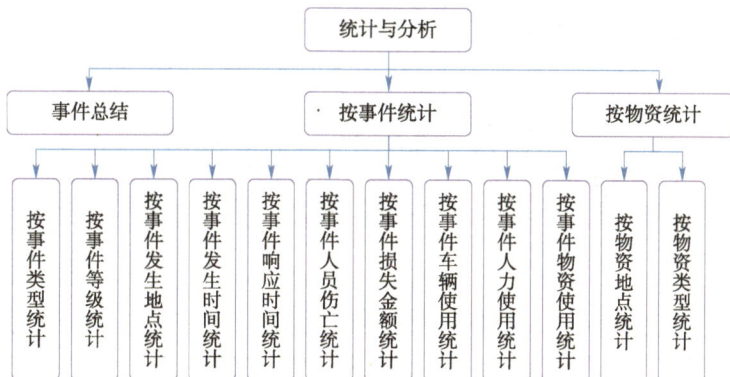

图6-5　统计与分析功能结构设计图

（4）与其他系统的融合

应急管理系统是路网管理系统中的一环，还要与其他系统建立整合联动的机制。通过各种接口使应急管理系统与其他系统融为一体，从而形成主动感知、高速传递、科学决策、统一指挥、高效协同、综合评估分析的应急处理闭环。

公路雪害综合防治体系建设

1 塔城地区风雪灾害成因

在新疆塔额盆地,有一条东西长百余公里、南北宽不足20km的百里风区。每当冬春季节,大风频频刮起,公路沿线成了茫茫雪海。极差的能见度、极低的温度,严重影响进出塔额盆地的交通,对过往司乘人员的生命安全造成极大威胁,制约着塔城地区的经济发展(附图A1)。

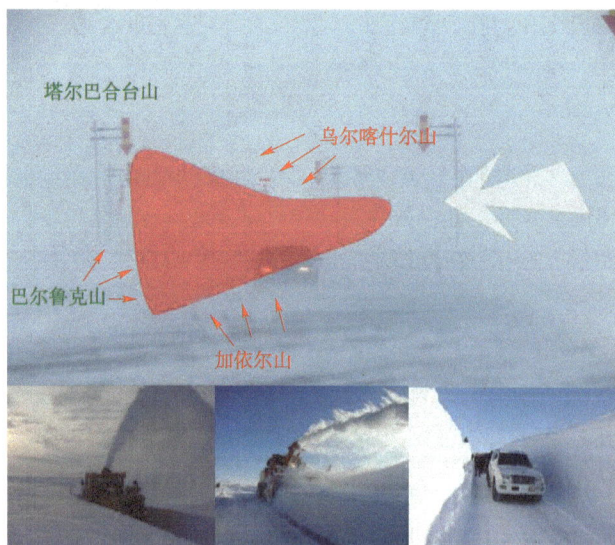

附图A1 塔城地区百里风区阻雪状况

据专业设计部门资料统计,玛依塔斯风区年降水量为340~350mm,冬季积雪深度为40~60cm,年积雪天数在120~150d之间,最大稳定积雪厚度达112cm,易出现暴风雪灾害。塔额盆地风吹雪灾害主要由以下三大原因造成:

一是喇叭口地貌形成劲风。乌尔喀什尔山和加依尔山在托里县和额敏县之间形成了一条东西长百余公里、南北宽不足20km、东高西低的狭长谷地。受地形的影响,整个谷地处于大风带,形成东西气流通道,再加上冷空气影响,形成谷地"狭管效应"。它东通准噶尔盆地,西连塔城盆地,西南与巴尔鲁克山向东北延伸的尾部相连,形成通往塔额盆地的风口——老风口。

二是东西风持续交替,助长风势。在高空暖平流的影响下,对流层中下层偏东风开始影响谷地,在谷地产生强劲的偏东大风。此地段东西风交替不断,使得该地段大风持续时间较长。每到冬季,风区风速经常达到 8 级以上。在山区公路的垭口路段,由风吹雪形成的积雪厚度可达 7~8m 以上。

三是风雪交加,极易形成风吹雪。因塔额盆地冬季降雪频繁且降雪量较大,加上大风持续不断,强劲的风吹过时,容易挟带地表积雪,形成风吹雪。当风吹雪出现时,公路能见度降低,视距最低为零,给冬季出行群众的行车安全带来极大威胁。

塔城地区公路风雪灾害类型有以下四种:

(1)挖方路堑积雪

公路挖方路段的修建改变了原有的地形,风吹雪行到此路段时气流受限,形成涡流,风速减弱,容易产生沉积(附图 A2)。

a)   b)

附图 A2   S201 线 K34 处垭口积雪灾害

(2)低地势低路基积雪

由于处于地势较低位置或路基较低(不足 1m),自然降雪的积雪厚度已超过路基高度,路面积雪很难清除,导致积雪严重。

(3)地面构造物及交通设施引起积雪

当风雪流到达公路时,受上风侧地面构造物(房屋、护栏、涵洞台帽)以及清雪机械推出的雪槽影响,风雪流运行不畅,形成弱风区,雪粒在路面沉积,形成长长的雪溜,严重时可阻断交通(附图 A3)。

a)   b)

附图 A3   高路基护栏积雪、乌雪特收费站房建工程雪阻

（4）风吹雪致能见度降低，行车视距受限

受西伯利亚寒流和蒙古高压的影响，塔城地区冬季盛行西北风和偏东风，降雪伴随大风，大风扬起雪粒，雪粒漫天飞舞，使能见度降低，甚至形成无视距的白色世界。一场风雪，瞬间使能见度几乎降为零，严重影响行车安全（附图 A4）。

a)   b)

附图 A4　玛依塔斯路段风吹雪灾害

如何安全、高效地清除道路积雪，及时抢救被困车辆，是冬季公路养护的一项重要内容。新疆各级领导十分重视风吹雪路段的雪害治理工作，从 1983 年开始多次安排、委托专家对雪害规律、治理方案进行调研、论证，对综合雪害防治工程实施效果进行实地考察。

塔城地区风吹雪灾害主要防治措施有四类：一是生态防治，建立生态防风雪林；二是工程防治，搭建公路安全辅助驾驶系统；三是安全保障技术应用，实施风雪灾害防治工程；四是气象信息监测，建设野外公路自动气象观测站。

为安全、高效地清除道路积雪、及时抢救被困车辆，在新疆维吾尔自治区交通运输厅的支持下，塔城地区在风雪灾害路段先后实施了两期风吹雪治理工程和试验工程，并应用了公路磁诱导装置、北斗卫星定位等技术手段。塔城地区实施的一系列综合防治措施[公路风吹雪灾害防治工程（一期、二期等）]，经冬季使用情况观测发现，治理效果明显，提高了风雪区公路的通行能力，对促进塔城地区的经济发展具有良好的效果，得到了社会各界的好评。依托防风雪工程开展的系列课题，也为公路风吹雪灾害治理技术的学科进步和发展作出了贡献。

2　生态防治实施与效益

2.1　老风口生态防风雪林建设

位于新疆塔城地区托里县、长达 30 余公里的老风口路段，每年风期长达 250d 左右，风速达到 33m/s（12 级），极大风速有时超过 44m/s。1983 年在 G335 线 K3649 + 263 ～ K3653 + 163（原 S221 线 K113 + 500 ～ K117 + 400）路段进行了防风雪林带的种植试验，由新疆交通科学研究院规划，塔城公路管理局协助实施。1993 年由塔城地区政府组织实施了宽林多带式防风雪林建设，对老风口进行生态综合治理。

防风雪林设置在 G335 线 K3649 + 263 ～ K3653 + 163 路段前进方向右侧（原 S221 线

K113 + 500 ~ K117 + 400 路段前进方向左侧),距离公路边缘线 155m 处,由 3 个林带组成,林带间隔为 12 ~ 17m,每个林带由 6 ~ 8 道树林组成,每道树林的树种为杨树、榆树、沙枣树,排列顺序为榆树和沙枣树在两侧,杨树在中间,以起到层层阻雪的作用。防风雪林布设如附图 A5 所示。防风雪林中生长了许多自生树,也起到了防风阻雪的作用。

附图 A5　防风雪林布设示意图

2.2　防风雪林效益评价

老风口治理工程以防雪林体系为中心,结合路基输雪断面等形成综合生态防治体系,目前已形成 23km 的防风雪林,使得 30km 风吹雪灾害明显减少。防风雪林合理的林带结构和宽度能起到改善区域小环境和根治风吹雪灾害的作用,但防风雪林也存在成长周期长、水源要求高的缺点。老风口防风雪林现状见附图 A6。

a)　　　　　　　　　　　　　　　　　b)

附图 A6　老风口防风雪林现状

(1)防风阻雪见效快

根据实地调查发现,风遇到林带后会减速,风中挟带的雪粒将在林带中堆积。每个防风雪林带 1 道、2 道树林的阻雪量达到了 20% ~ 30%;3 道、4 道树林的阻雪量达到了 50% ~ 60%;5 道、6 道树林的阻雪量达到了 5% ~ 10%。当风吹雪经过 3 个防风林带后,到达路面的雪粒将大大减少。

（2）生态平衡促民生

老风口防风雪林的作用：一是防风，减小风速；二是稳雪、固雪，积雪融化后可灌溉林木，防风雪林中的融雪水，充分地补充了当地的地下水位，相当于一个冬季水库，形成了良性的生态循环。

从目前的观测资料分析，老风口的生态治理获得了成功。于1993年种植的树木，目前高度已经超过20m，采取防风雪林措施防治的G335线（原S221线）冬季基本不再封路，区域的气候条件大为改善，以前主要的戈壁环境变成了农田，环境效益和社会效益巨大。

3 工程防治新技术应用

新疆交通科学研究院于2009年开始对S201线玛依塔斯路段（53km）开展调研工作，对该区域的水文、地质、气候、历年雪害情况等信息进行采集、统计与分析，提出了公路防风雪主动预防和被动防护相结合的理念，通过合理布线，采用分离式路基、不设护栏、敞开式路基等主动预防方案，结合研发的新型挡雪板、管式化风墙、弧形导风板、百叶窗导风板及太阳能自发光视线诱导标志等被动防护措施，形成了公路综合防风雪体系。风雪灾害治理工程项目自2012年开始，历时8年完成，实施项目详见附表A1。

风雪灾害治理工程项目一览表   附表A1

路　　段	视线诱导标志（m/根）		挡雪板（m）	导风板（m）	敞开式路基（m）	管式化风墙（m）	野外气象观测站（个）	棚洞（m）	防雪网（m）	积雪标杆（根）
S201线 K34～K79	12268	491	360	300	478	300	8			
S201线、G3015线玛依塔斯路段	25757	1018	4980	1000	640					
S201线 K0～K164		322								
S201线 K34+660～K35+565			510					300	330	
S201线 K37～K49			1740		660					
S201线 K49			1568							
G3015线玛依塔斯风吹雪路段		60	3706							840
合计	38025	1891	12864	1300	1778	300	8	300	330	840

根据雪害的四种类型，按照项目组多年雪害治理经验，采用以下治理方案：

①挖方路堑积雪：采用敞开断面工程与挡雪板工程相结合治理，或采用棚洞工程治理。

②低地势低路堤积雪：采用挡雪板工程治理。

③风吹雪致行车视距受限:采用视线诱导标志工程治理,严重段落布设挡雪板、化风墙,降低风吹雪雪粒子浓度,或采用棚洞工程隔绝段落风吹雪。

④地面构造物及交通设施引起积雪:采用挡雪板工程治理。

3.1　路基参数优化主动防雪

(1)S201线K34+425~K35+475垭口段路基优化

S201线K34+425~K35+475垭口段是该线雪害最为严重的"卡脖子"路段,因挖方路段的修建改变了原有的地形,形成垭口,风吹雪行至此路段时气流受限,造成严重积雪,使车辆受阻,能见度极差。由于该段为"挖方路堑积雪"的雪害类型,故采用敞开断面工程、挡雪板工程、视线诱导标志工程综合治理。经观测,降雪后,7~8级以上大风积雪的情况大为改善,基本消除了路面因形成"雪梁"与积雪致使车辆受阻的现象。如附图A7所示。

附图A7　S201线K34+425~K35+475垭口段防雪治理

(2)克塔高速公路路基优化

克塔高速公路在建设时期采用了一系列路基优化方案。低填方路段采用缓边坡+分离式路基(附图A8)+不设护栏,高填方路段采用分离式路基+透风率高的缆索式护栏;挖方路段路侧设置积雪平台。灾害影响范围内的路基最小高度按照"最大稳定积雪深度+富余值"确定。从2014年路基工程完工后交通安全设施实施前的情况来看,公路路基的整体主动防风雪能力强,路面基本没有形成雪阻灾害的段落。经判定,路基优化适用于高速公路防风雪,能有效降低风吹雪形成雪阻的概率。

附图A8　克塔高速公路分离式路基

3.2 挡雪板工程防雪

挡雪板工程是防雪栅栏的一种,与早期的栅栏不同的是,其采用了桁架骨架及波纹板挡板,并利用顶部折角增强防雪效果。挡雪板主要设置在低地势雪阻区、构造物雪阻区,能够有效阻挡风雪流,使风吹起的雪粒在挡雪板前后沉积,减少了上路的风雪流数量,起到了较明显的阻雪作用(附图 A9~附图 A11)。经判定,挡雪板对于风吹雪有较高的拦截作用,对 7 级以下风力条件下的能见度有较为明显的提高作用。

a)   b)

附图 A9   S201 线 K269 + 660 处高边坡挡雪板

a)   b)

附图 A10   S201 线 K52 处挡雪板航拍图

a)   b)

c)   d)

附图   A11

e)

f)

附图 A11　S201 线 K39 路段、G3015 线 K269 + 660 ~ K269 + 760 路段挡雪板

3.3　管式化风墙防雪

管式化风墙由三层半圆管件拼装,相互咬合排列,上下错位安装,通过结构预制的企口相互拼接,层间用钢筋固定。管式化风墙变"阻挡"为"疏化、消能",使风雪流在化风墙的疏化中,改变风向,通过小空间内相互消能干扰,将强风变为弱风,促使风吹雪中雪粒沉积,减少路面积雪。

管式化风墙具有透风、不聚风、不抗风且能化风、无方向性的特点,迎风面任何角度进风都不影响化风效果。经过几年的实际观测,S201 线 K50 + 500 ~ K50 + 800 路段,路面未发生严重雪阻,而管式化风墙外(靠近路基面)有大量的积雪(附图 A12),墙内(远离路基面)有明显积雪。管式化风墙对风吹雪有一定的拦截效果,单排管式化风墙的阻雪效率较挡雪板低,在 6 级以下风力条件下,对能见度有较为明显的改善。S201 线管式化风墙现状见附图 A13。

a)

b)

附图 A12　管式化风墙外堆满了积雪,减少了路面积雪量

a)

b)

附图　A13

c)

d)

附图 A13　S201 线管式化风墙现状

3.4　太阳能视线诱导标志

S201 线视线诱导标志工程已贯通整个玛依塔斯风雪灾害影响区 K27 ~ K76 段。视线诱导标志有三种类型:普通双悬臂反光膜视线诱导标、单悬臂反光膜视线诱导标(附图 A14)、太阳能双悬臂视线诱导标(附图 A15)。冬季经多次观测发现,在设置视线诱导标的路段,当风力达到 7 ~ 8 级、能见度低时,视线诱导标箭头反光指示路线位置,能有效引导车辆通行(附图 A16)。

附图 A14　单悬臂反光膜视线诱导标

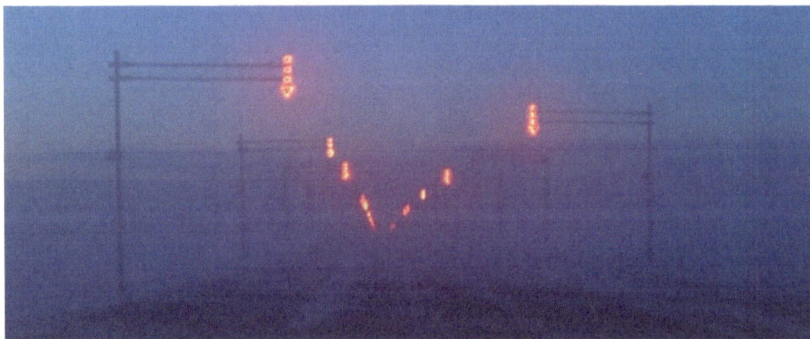

附图 A15　太阳能双悬臂视线诱导标

a) 能见度较差,视线诱导标基本可见 　　　　b) 冬季傍晚,太阳能视线诱导标指示路线

附图 A16　视线诱导标引导车辆通行

3.5　棚洞主动防风雪

2018 年在 S201 线玛依塔斯路段修建了 300m 长的风吹雪防雪棚洞(附图 A17),棚洞工程实施前,该路段是区段灾害最为严重的路段,一次风吹雪可造成 1.5m 以上的雪阻,能见度几乎为零。棚洞工程实施后,有效改善风吹雪引发的能见度低和路面雪阻灾害,但洞口主要受小角度贯穿风影响,洞内存在一定的积雪,西风迎风侧存在长度为 60m 左右的积雪,东风迎风侧存在长度为 200m 的积雪,积雪覆盖半幅路面,路面雪阻最大高度达 30cm。

a)　　　　　　　　　　　　　　　　b)

c)

d)　　　　　　　　　　e)　　　　　　　　　　f)

附图 A17　S201 线棚洞工程

4　安全保障技术应用

S201 线玛依塔斯路段风吹雪灾害严重,在能见度低的情况下,应急救援工作既要保

证除雪驾驶人员的安全,又要完成除雪救援任务。在新疆维吾尔自治区交通运输厅的立项组织下,自2004年开始至2019年,除雪救援车的安全保障技术前后经历了"公路磁诱导装置、GPS卫星定位、北斗高精度定位"三代辅助驾驶系统。其目标是在能见度低的条件下也可以准确掌握车辆行驶位置,为驾驶员提供辅助驾驶信息。

4.1 公路磁诱导系统

由交通运输部公路科学研究院和新疆维吾尔自治区公路管理局依托智能公路磁诱导技术和GPS卫星定位技术研究课题,共同开发的"智能公路磁诱导安全辅助驾驶装置",已成功应用于塔城公路管理局管养的S201线玛依塔斯风吹雪路段。

磁诱导系统由预先埋设在道路上的磁性路标和车载磁性传感器两部分组成,磁性路标即为沿车道离散布设的磁道钉,形成沿车道行驶方向的诱导磁场;车载磁性传感器用于实时探测诱导磁场的信号,为车辆提供诱导信息。公路磁诱导安全辅助驾驶系统工作原理如附图A18所示。

2004—2013年,在S201线K27+675~K76+400路段(风吹雪灾害严重路段)共计48.8km布设了磁道钉。S201线磁道钉布设、车载显示器见附图A19。

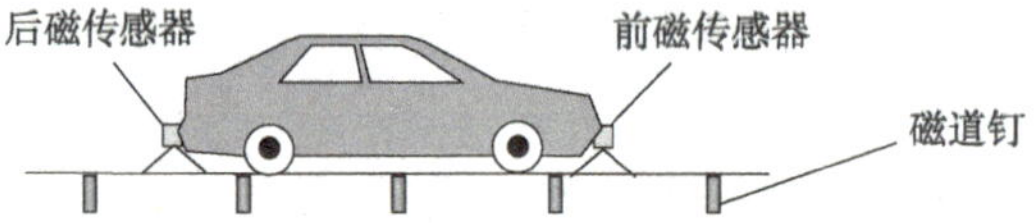

附图A18 公路磁诱导安全辅助驾驶系统工作原理

a) 　　　　　　　　　　　　b)

附图A19 S201线磁道钉布设、车载显示器

与道路线、反光突起道钉相比,磁性路标(磁道钉)具有不受恶劣气候条件及路面积雪影响、全天候工作的优点,即使在被冰雪埋没的路面也一样有效。在能见度接近于零的情况下救援被风雪围困的人员时,该系统在磁道钉铺设区能够提供除雪车相对于道路的具体位置,并可以显示前方障碍物的相对位置和距离信息,在桥梁区域、垭口区域及深边沟区域进行危险路段报警提示,有效保障了车辆及驾驶员的安全。

实践证明,磁诱导技术可以为除雪车辆驾驶员提供视线诱导功能,防止车辆偏离车道,能提高救援效率,为及时抢险和安全除雪提供了有力的技术保障。

4.2 北斗高精度定位的车辆辅助驾驶系统

2018年交通运输部公路科学研究院研制了新型的通过北斗卫星高精准定位的车辆辅助驾驶系统,2019年在玛依塔斯应急抢险基地的8辆除雪车辆上安装了北斗高精度定位的车辆辅助驾驶系统(附图A20)。该系统具有北斗高精度测姿定位、车道偏离报警、实时信息共享、前方障碍物警示等功能,能实现车辆在风吹雪灾害情况下的车路协同辅助驾驶,提高除雪工作效率,保障除雪人员与车辆安全,同时协助公路部门掌握灾情,实现快速调度。

a) 障碍物雷达　　　　　　　　　　　b) 架设基站

c) 车载系统　　　　　　　　　　　d) 指挥系统

附图A20　除雪车辆安装北斗高精度定位的车辆辅助驾驶系统

5　气象信息监测技术

根据区域路网和风吹雪灾害的特点,在国省干线公路风雪路段分别建立了8个野外公路自动气象观测站(附图A21),可对区域内的风雪灾害进行长期、系统、全面的观测。通过数据联网,野外公路自动气象观测站可全天候自动监测各路段的风向、风速、雪深、气温、相对湿度、能见度、气压等10余个指标,为公路风雪灾害预警、除雪救援以及进一步治理风雪灾害提供第一手资料。

a)　　　　　　　　　　　　　　b)

附图A21　S201线野外公路自动气象观测站

2015年度公路交通警地联合应急演练

2015年12月20日11时,随着一声铿锵有力的号令,2015年度公路交通警地联合应急演练在塔城地区S201线34km处的玛依塔斯风区垭口路段隆重地拉开了帷幕。联合应急演练基本情况如附图B1所示。

2015年度公路交通警地联合应急演练

演练主题: 冬季除冰除雪保畅通
演练目的: 检验预案,磨合机制,锻炼队伍,提升警地联合应急救援能力
演练地点: S201线K34+000~K34+500玛依塔斯风区垭口路段
主办单位: 交通运输部 新疆维吾尔自治区人民政府 武警交通指挥部
承办单位: 塔城地区行署 交通运输厅 武警交通二总队
演练单位: 塔城公路管理局 武警交通二总队四支队
参演单位: 塔城地区应急办 民政局 公安局交通警察支队 卫生医疗部门
　　　　　　塔城地区道路运输管理局 塔城路政(海事)局 新疆交通科学研究院厅宣教中心

附图B1　2015年度公路交通警地联合应急演练基本情况

1　背景介绍

此次演练地为玛依塔斯风区,该区域雪害类型以风吹雪为主。玛依塔斯风区位于乌尔喀什尔山和加依尔山之间一条东西长百余公里、南北宽不足20km、向西倾斜的狭窄通道中,喇叭口地貌的狭管效应和滑坡效应形成劲风。玛依塔斯、老风口路段就横贯其中。该区域冬季盛行西北风和偏东风,形成强烈的风雪流,造成能见度低、积雪严重。每当冬春季节,大风频频刮起,公路沿线变成了茫茫雪海,特别是公路的垭口路段更是狂风肆虐,风吹雪形成的雪墙高度可达7~8m,极差的能见度、极低的温度,阻碍着进出塔额盆地交通大动脉的畅通(附图B2)。

a)　　　　　　　　　　　　　　　　b)

附图B2　塔城地区风雪灾害造成交通阻断

2　公路风雪灾害抢险流程

塔城公路管理局结合历年除雪保通抢险救灾的实战经验,建立了应急组织体系—应急准备—预警机制—信息管理—应急响应—调查与评估的风雪灾害抢险机制。公路风雪灾害抢险预案启动流程如附图 B3 所示。

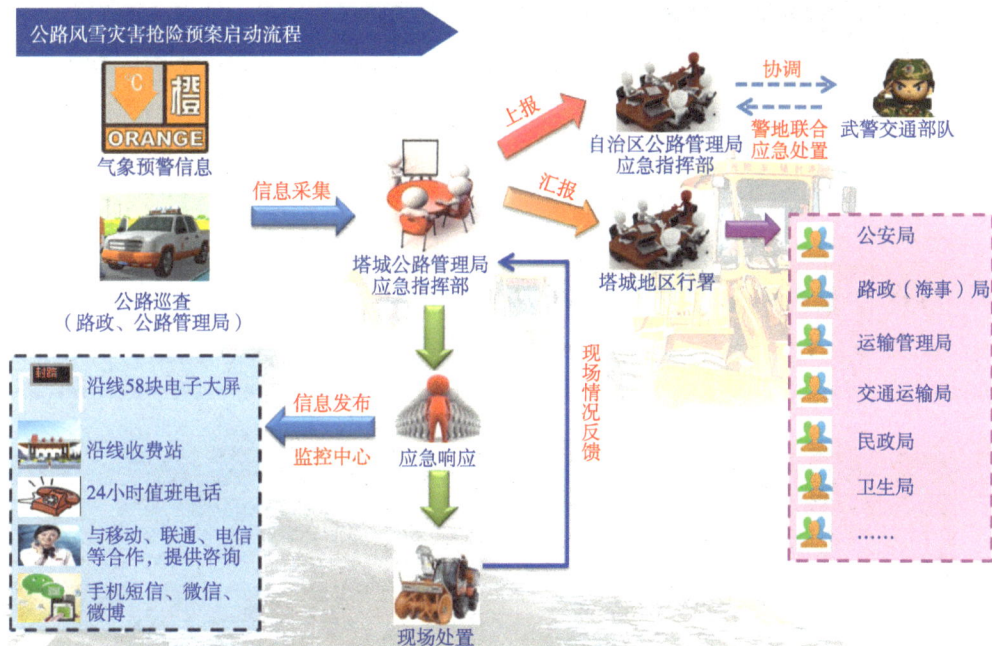

附图 B3　公路风雪灾害抢险预案启动流程图

2014 年由塔城地区行署牵头,委托塔城公路管理局编写了《塔城地区公路风雪灾害抢险应急预案》,并以塔城行署文件形式正式颁布,建立健全了塔城地区各部门间的协调联动机制。

塔城公路管理局利用沿线 8 个野外公路自动气象观测站监测风雪严重路段的气象信息;加强道路巡查,及时采集动态路况信息。拓展信息发布形式,通过所辖线路沿线设置的 58 块电子大屏、11 个抢险执勤点,积极与多家媒体合作,利用电话、手机短信、微博、微信等手段,编织了一张严密的信息发布网络,建立纵向指令通畅、信息共享、快速响应,横向地区各部门间协调联动机制,合力保通。

3　险情再现,警地联合保畅通

警地联合应急演练分为四个科目:科目一,启动预案;科目二,警地联合应急处置;科目三,救助伤员;科目四,除雪保通。警地联合应急演练流程如附图 B4 所示。

演练科目一:发现险情,启动应急预案。

2015 年 12 月 20 日,玛依塔斯路段风力达 5 级,巡道车在巡道过程中发现 S201 线 34km 处有数十辆车被困,巡道人员查看现场情况后,立即用车载电话汇报险情

（附图 B5）。塔城公路管理局应急指挥部接到消息后,结合现场情况,启动抢险应急预案Ⅱ级响应,同时向塔城地区行署汇报情况,通知交警部门实施交通管制;监控中心采集、发布信息,进行实时监控,利用沿线电子大屏发布道路交通管制信息（附图 B6）。

附图 B4　警地联合应急演练流程图

a)　　　　　　　　　　b)

附图 B5　巡道人员现场用车载电话汇报险情

a)　　　　　　　　　　b)

附图 B6　监控中心实时监控、发布道路交通管制信息

由于被困车辆、人员较多,救援困难,塔城公路管理局应急指挥部立即上报自治区公路管理局启动Ⅰ级预案,并协调武警交通部队进行警地联合抢险作业。因受地形影响,对被困路段采取由两头向中间推进的方式展开救援。

演练科目二：警地联合，解救被困人员。

预案启动后，抢险队员立即紧急集合，驾驶抢险机械奔赴现场，同时公安交警、交通运输综合执法人员也赶赴现场，指挥人员确定现场救援方案（附图 B7）。

附图 B7   多部门赶赴现场救援

武警交通部队数十名武警官兵携带装甲车、除雪机械等赶赴现场（附图 B8），与塔城公路管理局抢险队一起，对车辆被困路段从两端开始实施抢险救援，展开了一场激烈的抢险战斗。因积雪严重，除雪机械先打通了一侧车道，让更多抢险车辆进入，拖出困在积雪中的车辆，营救被困人员。

附图 B8   武警交通部队驰援抢险

演练科目三：齐心协力，抢救伤员。

在营救过程中，发现一辆小轿车与货车追尾，驾驶人员左腿严重撞伤，抢险人员立即拨打"120"急救电话，救护人员赶赴现场，用绷带捆绑好受伤人员的左腿，抢险队员和医护人员抬起担架，把受伤人员送上救护车，向铁厂沟方向驶去（附图 B9）。同时公安交警赶来勘查现场。

附图 B9   救助伤员

在公路西头，武警官兵在救援时发现一名驾驶员出现低血糖症状，于是立马呼叫

"120"救护车,救护车赶到后对驾驶员采取输液措施,待症状消除后,救护车载着患者驶离雪阻现场。

演练科目四:除冰雪,保畅通。

除雪机械联合作业,清除路面积雪,抢险机械随后救助被困车辆。抢险队员把被困车辆周边的积雪清除后,将钢丝绳拴在被困车辆上,将被困车辆拉出雪地。随着被困车辆和人员被转移至安全地带,抢险队员们和武警官兵们也在风雪中会合,成功完成了这场风雪大营救。如附图 B10 所示。

附图 B10 救助被困人员、抢通会合

此时除雪机械仍在继续作业,将积雪清除,保障道路畅通。满足安全行车条件后,塔城公路管理局发布信息,解除交通管制。

4 实战演练,效果显著

从演练流程看,内容完整、实战性强,参演人员行动规范、协同有序,警地精诚合作、有机结合、互为补充、形成合力,体现了参演队伍极强的专业性。

从综合效果来看,本次演练达到了检验应急响应流程、完善决策指挥体系、磨合协调联动机制、锻炼警地救援专业队伍、提升应急处置能力、交流应急救援技术等各项预期目标,警地应急保障能力也在实战中得到了显著提升。

从演练内容看,警地联合应急演练从四个方面进行了展示:观摩实战演练;防风雪工程实施和科技应用;应急文化展示;应急抢险装备展示。其充分展现了塔城地区多年来抗风雪保交通工作的成效与经验,表现出防风雪保交通抢险队员们用热血与生命践行的风口精神,展现了风雪战线上抢险队员们的风采。

最后,此次演练得到了观摩演练专家们的一致好评,专家们均认为这次演练具有很强的实战性、创新性、实操性和指导性,评估等级为良。

公路巡查作业细则

1 公路巡查的重要意义

随着交通车流量逐年增加,社会公众对公路出行的服务水平提出了更高要求。为提高公路的服务水平及运营能力,及时发现公路、桥梁及公路附属设施的病害,减少因公路突发性事件造成的损失,维护公路路产、路权,制止侵害公路的行为,采集分析公路路况检测数据,及早发现问题,及早处理,应建立一支机动的公路巡查专业队伍。

2 公路巡查概述

2.1 公路巡查的定义

公路巡查是以全程摄像监控、乘车或步行的方式,对路基、路面、桥涵、隧道、交通安全设施的技术状况进行经常性、定期或随机性检查,及时查找影响其使用功能的不良因素,为维修或维护提供决策依据。

公路巡查是维护维修工作的基础,同时也是编制维护维修计划、养护专项计划和下发维护维修通知单的基础和依据。

2.2 公路巡查的范围

公路巡查的范围包括路基、路面、桥涵、隧道、交通安全设施及其他,重点检查路面、桥涵、隧道,巡查内容遵照养护技术规范中的规定。

2.3 公路巡查建立的目的

建立公路巡查制度及工作标准的目的,一是使日常养护巡查有章可循,严格按照规范、标准进行全面、细致的公路检查,确保巡查的效率。二是通过建立日常养护巡查制度,使养护人员职责、任务明确,规范操作。三是积累公路养护的基础资料,为公路养护提供技术支持和依据。四是使日常养护巡查融入信息管理系统,让养护巡查成为一条快速服务通行的途径。

2.4 公路巡查的依据

公路巡查的依据包括交通运输部颁发的公路养护规范及标准、新疆维吾尔自治区公路管理局制定的公路养护巡查制度等。

2.5 公路巡查的分类

公路巡查分为日常巡查、定期巡查、特殊巡查、夜间巡查和专项巡查。

日常巡查：指对路基、路面、桥涵、隧道、交通安全设施、环保设施和绿化技术状况进行的经常性检查。

定期巡查：是对路基、路面、桥涵、隧道、交通安全设施等技术状况进行的深入细致的静态检查，同时也是对技术状况和使用品质的全面评定，是进行考核与制订维修保养计划、制订养护专项工程计划及下发"养护作业任务通知单"的基础和依据。

特殊巡查：指在恶劣天气、自然灾害、交通事故或其他异常事件发生后，对路基、路面、桥涵、隧道、交通安全设施、环保设施、绿化设施等进行的静动态相结合的检查，以便及时掌握受损情况，为采取应对措施提供决策依据。

夜间巡查：每月不少于一次，检查公路夜间照明和标志、标线的反光性能及技术状况。

专项巡查：指根据日常巡查、定期巡查的结果，针对需要进一步查明某些出现次数较多或较严重破损、病害的详细情况而进行的细致的、静动态相结合的检查，为养护单位针对性地制订月度、季度维护维修计划及养护专项工程计划，下发维护维修通知单提供依据。

3 公路巡查主体及工作流程

3.1 公路巡查主体及职责划分

养护单位为公路巡查主体，负责组建具有公路基本知识的巡查队伍，并能够临时处理公路突发事件。

专业巡查队伍主要负责日常巡查、特殊巡查及夜间巡查，技术人员参与并指导。

定期巡查、专项巡查由技术人员按照相关规定开展，管理单位技术人员参与并指导。

3.2 公路巡查工作流程

巡查人员通过公路巡查对采集到的公路动态信息及时采取应对措施，对于能现场处治的病害，巡查人员应及时现场处理（附图 C1）；对于不能现场处治的病害及突发事件，巡查人员应设置临时警示标志，同时及时上报养护部门。公路巡查标准化工作流程如附图 C2 所示。

养护管理单位应从完善公路巡查制度入手，规范巡查作业流程。从定期开展巡查专项培训、编制公路巡查手册、成立专业化巡查队伍、开展巡查信息化建设等方面强化公路专业化巡查工作，同时与交通运输综合执法部门、交警部门、消防部门建立联席联动机制，建设一套集科学化、制度化、网络化于一体的联动巡查保障机制。

附图 C1 公路巡查人员现场处理

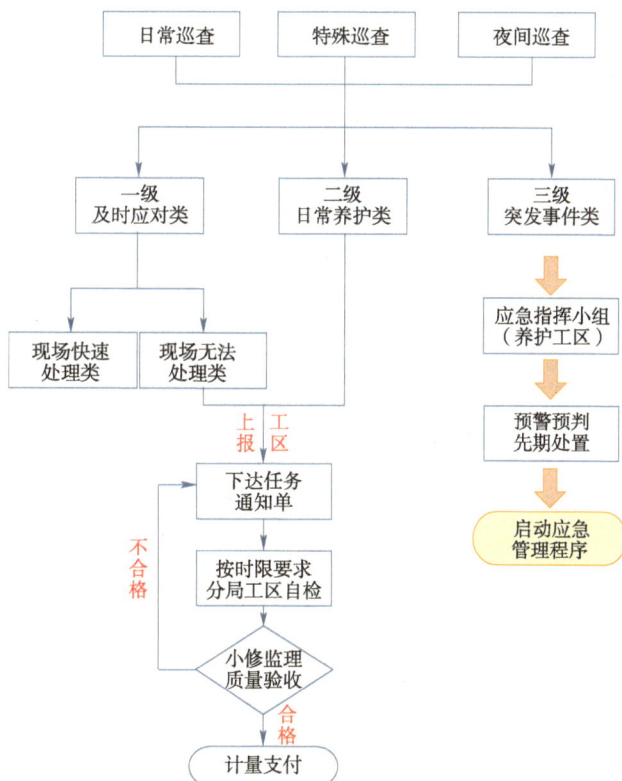

附图 C2 养护作业单位公路巡查标准化工作流程图

4 公路巡查工作内容及要求

公路巡查作为应急管理体系的重要组成部分,通过多种方式发现公路病害,并及时处治。公路巡查工作要求巡查公路范围内路基、路面是否整洁;路面有无影响行车安全的坑槽;桥涵泄水孔排水是否畅通,伸缩缝有无杂物;隧道路面是否整洁、无杂物,排水设施是否畅通;标志标牌是否清晰可见。

4.1 日常巡查

日常巡查包括监控巡查、集中巡查、步行巡查及桥涵隧道经常检查四种类型。日常巡查工作内容及要求详见附表 C1。

日常巡查工作内容及要求   附表 C1

分类	定 义	工作内容	巡查方式	巡查频率
监控巡查	利用远程监控系统,对路基、路面、桥涵、隧道、交通安全设施出现的明显病害及养护工区现场施工作业进行的宏观、实时、动态的检查	路基边坡、边沟水毁。路面较大散落物、坑槽、唧泥。桥面有无较大散落物、坑槽。护栏、标志、防眩板(网)、防落网、隔离栅有无(刺丝)缺失、歪斜,标线有无损坏。施工作业是否规范,施工现场整洁情况	由监控中心 1~2 名日常巡查责任人利用远程监控系统对辖区公路进行巡查	每天 10:00—13:30,16:00—20:00
集中巡查	对路基、路面、桥涵、隧道、交通安全设施进行的以动态为主、静态为辅的检查,能够查找监控巡查中不能发现的较为明显的病害,是监控巡查的补充	路基:清洁情况,水毁,拦水带是否有明显损坏情况。路面:清洁情况,有无明显病害情况。桥面:清洁情况,有无明显病害情况。隧道:路面、检修道清洁情况,内装清洁情况,有无明显损坏情况,排水畅通情况。交通安全设施:清洁情况,有无明显缺损情况、涂装损坏情况。其他:避险车道维护情况,施工质量与时效,安全生产、环境保护情况	由专业巡查队负责,车行巡查为主,必要时停车检查	每天不少于 1 次
步行巡查	对路基、路面、交通安全设施进行的细致的现场静态检查,是对监控巡查、集中巡查中不易观察到的部位或不易确认的病害进行的补充巡查	路基:有无路肩边沟不洁、路肩损坏、边坡坍塌、水毁冲沟、路基构造物损坏、拦水带缺损、路基沉降、排水系统淤塞情况。路面:有无龟裂、块状裂缝、纵向裂缝、横向裂缝、坑槽、松散、沉陷、波浪拥包、泛油等情况。交通安全设施:有无防护设施缺损、隔离栅损坏、标志缺损、标线缺损情况。避险车道:有无砂砾磨耗层情况	由分局(养护工区)技术人员负责,采用步行巡查方式	每周不少于 2 次
桥涵隧道经常检查	对桥梁、涵洞、通道、隧道结构和附属构造物技术状况进行的较为细致的经常性现场静态检查,查找早期破损、明显病害和淤塞等	按照桥隧涵养护技术规范的规定进行经常检查	由桥梁工程师组织,采用步行巡查方式	按照养护技术规范规定的频率检查

公路线路穿越不同的自然区域,季节性气候对公路运营的影响较为明显,应结合辖区公路的地域环境特征,在日常巡查时分别执行春夏秋季和冬季公路巡查的时间和频率。

春夏秋季巡查时间:3 月 16 日—11 月 5 日;巡查频率:干线公路每天一次全程巡查,其他公路每周不少于两次全程巡查。

冬季巡查时间:11 月 6 日—次年 3 月 15 日;巡查频率:干线公路每天两次全程巡查,

其他公路每两天一次全程巡查。

冬季与春夏秋季公路巡查内容的侧重点也有所不同,详见附表 C2。

冬季与春夏秋季公路巡查的主要内容　　　　　　　　　　　　附表 C2

分　类	公路巡查内容
春夏秋季巡查	检查路基、路面垃圾、拦水带、路基冲沟、路面病害、杂物、积水等,桥梁伸缩缝、泄水孔、隧道排水沟、避险车道等情况,检查沿线电子显示屏、交通安全设施等情况,对隧道灯光、呼叫系统、防火门及重要桥梁等节点路段进行专项检查
冬季巡查	重点检查路面坑槽、沿线电子显示屏、交通安全设施、避险车道情况,主要根据天气预警对易发生雪阻、风吹雪路段进行预防巡查;遇风雪灾害天气应加大巡查频率,及时做好现场观测和路况信息上报工作

4.2　特殊巡查

对易发生公路灾害的路段应进行特殊巡查(附图 C3)。灾害天气中,要加大公路巡查频率,进行应急性实地观测。灾害天气后,应及时检查处治结果。特殊天气公路巡查内容及要求详见附表 C3。

a) 汛期水毁多发路段巡查　　　　　　　b) 隧道特殊巡查

附图 C3　养护人员特殊巡查

特殊天气公路巡查内容及要求　　　　　　　　　　　　附表 C3

分　类	巡查方式	巡查频率	巡查内容
降雨	巡查采用步行为主、车行为辅的检查方法,发现情况立即向上级部门报告	降雨后进行 1 次检查;当连续降雨超过 4h 时,应在降雨中进行 1 次检查	路基边坡、圬工防护水毁情况,排水设施淤塞、水毁情况,路面有无坑槽、唧泥、沉陷。桥面损坏情况,桥梁防护水毁情况。涵洞有无堵塞,通道有无积水。隧道排水设施有无淤塞
大风		大风后进行 1 次检查	路面、中央分隔带有无散落物。标志牌、隔离栅、防眩板(网)等交通安全设施有无变形、倾斜。植物损毁情况
大雾		大雾后对解除封闭的路段进行 1 次检查	车辆发生事故或阻塞时路面、中央分隔带有无散落物。护栏有无变形、损坏
降雪		降雪时进行不间断巡查	路面、桥面有无积雪、结冰滑溜,护栏有无变形、损坏
自然灾害、交通事故或其他事件		事件发生后至结束前进行不间断巡查	根据受损范围和部位进行检查,检查避险车道损坏情况

4.3 夜间巡查

国省干线公路每月不少于1次夜间巡查(附图C4),主要检查公路沿线交通安全设施的反光效果是否完好,标志标牌、视线诱导标志、积雪标杆等安全设施的反光情况及其他夜间应急设施的情况,发现问题应及时上报并做好记录。

a) 夜间巡查劝导隧道休息车辆　　　　　b) 对标志标牌的反光情况进行巡查

附图 C4　公路夜间巡查

4.4 专项巡查

由养护单位技术人员根据实际情况和养护需要不定期开展专项巡查,主要针对公路设施的典型病害及安全隐患进行调查。专项巡查工作内容及要求详见附表C4。

专项巡查工作内容及要求　　　　　　　　　附表 C4

分　类	巡查方式	巡查频率	巡查内容
路基	步行与车行相结合	根据养护需要不定期检查	大于10m³的路基水毁情况,大于3m³的圬工破损情况,防护栏、排水设施损毁、拦水带破损情况等
路面			路面车辙、裂缝、坑槽等,服务区、收费站水泥混凝土路面及接缝损坏情况
桥梁			桥面车辙、桥头跳车、铺装层破损、单板受力、伸缩缝损坏、支座损坏情况等
涵洞、通道			结构破损、位移、沉降、裂缝、漏水、圬工防护、排水设施损毁情况等
隧道			衬砌、洞口破损、变形、位移、沉降、裂缝、漏水情况等
交通安全设施			标志牌、标线、护栏、隔离栅、防眩板(网)的缺失、破损、老化及避险车道损坏情况等

5　公路巡查程序及作业准备

5.1　公路巡查程序

部分日常养护工作是通过公路巡查、监控设备、交通运输综合执法事案等发现病害,向养护部门反馈,由养护部门编制维修养护月、旬补充计划并下达养护作业班组实施,并及时填写记录。公路巡查程序如附图C5所示。

(1)公路日常巡查中养护问题的处理

发现问题—调查拍照取证—填写公路巡查记录表—上报养护部门。

（2）公路巡查中交通运输综合执法问题的处理

发现问题—调查拍照取证—立即制止—上报交通运输综合执法部门。

（3）公路巡查中桥梁问题的处理

发现问题—调查拍照取证—不影响桥梁安全，上报养护部门；影响桥梁安全，立即采取有效措施（疏导交通，必要时封闭交通）并上报养护部门。

（4）发生突发事件的处理

发现问题—调查拍照取证—立即采取有效措施（疏导交通，必要时封闭交通）—上报养护部门—妥善处理（发布应急信息）。

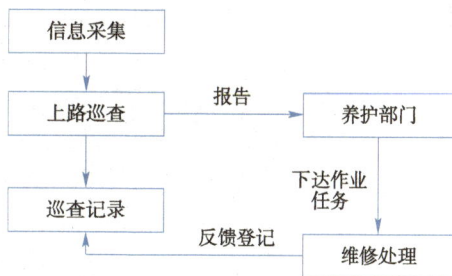

附图 C5　公路巡查程序

5.2　公路巡查作业准备

专业化公路巡查队伍应按要求配备巡查人员及巡查车辆、设备等，做好各项准备工作是顺利开展公路巡查的前提。

5.2.1　巡查人员

对巡查人员的要求如下：

①熟悉公路、桥梁养护的相关知识，熟悉管养路线范围、管养工作内容。

附图 C6　巡查人员安全着装

②具备一定的计算机知识，具有一定的工作经验并经过安全教育和巡查作业培训。

③巡查人员必须穿具有反光性能的标志服，严格遵守巡查作业的安全规定，确保自身安全（附图 C6）。

5.2.2　巡查车辆和设备

（1）巡查车辆

巡查车辆应满足安全作业警示要求，具备清晰的公路标志、良好的车身反光系统及正常显示的警示灯具（附图 C7）。车速一般控制在 60km/h 以内，需要停车检查时，应停在紧急停车带上；如需停在行车道上时，应开启警示灯，并按规定设置安全锥、标志牌。

（2）巡查设备

巡查人员应配备巡查记录本、信息采集手持终端（PAD）、照相机、轮式测距仪、手电筒、安全锥、交通指挥牌、卷尺、铁锹、扫帚、扳手等设备（附图 C8）。

a)　　　　　　　　　　　　b)

附图 C7　巡查车辆车身反光系统良好,警示灯具完好

a) 照相机、PAD、巡查记录本　　b) 交通指挥牌、手电筒、　　c) 清扫工具、安全锥、
　　　　　　　　　　　　　　卷尺、安全帽　　　　　　　轮式测距仪等

附图 C8　巡查人员应配备的设备

5.3　公路巡查信息类型及传递

巡查信息传递及反馈是日常养护巡查的重要环节,巡查人员应将巡查信息汇总并上报养护部门,以便管理人员及技术人员根据病害情况及时做出养护决策。

5.3.1　公路巡查信息类型

依据公路巡查信息对公路运营情况的影响将公路巡查信息分为三种类型:一级及时应对类型、二级日常养护类型、三级突发事件类型。

一级及时应对类型:指路面障碍物、杂物,路面积水及翻浆病害,桥涵断板、水毁,边坡滑塌,山体碎石滑落等情形。应及时清除路面障碍物,填写公路巡查记录表。

二级日常养护类型:指挡墙、防护网等变形、移位,路肩边坡的冲沟、塌方、坍塌,桥面板断裂,墩台及桥面板超限裂缝,失稳型车辙,路面大面积坑槽、翻浆等,沿线设施(隔离栅、护栏等)局部损坏,冬季中小雪积雪等情形。应摆放临时警告标志,上报信息;养护管理人员现场复核情况,下发养护作业任务通知单,及时处治公路病害。

三级突发事件类型:指大风、浓雾、暴风雪、暴雨、冰冻、沙尘暴、雪崩、洪水、山体崩塌、滑坡、泥石流、地震等气象、地质原因引起的公路灾情应急处置,以及冬季风吹雪严重灾害路段的防风雪保交通工作。应摆放临时警告标志,上报信息,养护管理人员现场复核情况,下发养护作业任务通知单,及时处治公路病害;遇风雪天气,能见度较低时,应及时封闭交通、上报信息,按"机械为主、人工为辅、先通后净"的原则组织抢险保通。

5.3.2　公路巡查信息的传递

(1)一级及时应对类型

一级及时应对类型由公路巡查人员现场处置,不能现场处置的则通过电话、养护系统、网络工作交流群组等现代通信途径上报养护单位，由养护单位根据现场工程量及规模通知养护作业单位及时处置。

其中，影响通行安全的交通事故，待交警、交通运输综合执法部门等处置后，由养护部门通知养护作业单位及时清理现场，保障道路安全、畅通。

（2）二级日常养护类型

公路巡查人员发现养护问题后应通过电话、养护系统、网络工作交流群组等现代通信途径向所属养护单位汇报，养护单位根据病害规模、数量合理安排补充计划，下发养护作业任务通知单。

（3）三级突发事件类型

公路巡查人员发现公路突发事件后应通过电话、养护系统、网络工作交流群组等现代通信途径向所属养护单位汇报，并在现场设置临时警示标志。养护单位收到信息后，应立即向上级部门汇报同时采取应对措施。

5.4 应急处置

在公路巡查过程中，巡查人员对发现的路面抛撒物、危及行车安全的物体应及时清除；行人横穿公路应劝阻；对可能影响行车安全的公路病害在现场做出警示，并通知生产管理部门立即进行维护处理；对发现的交通事故应及时通知公路安全管理部门和交警部门，做好现场安全警示管理。

巡查人员应对突发事件做出迅速、恰当的反应，特别是在巡查中发现影响安全通行的重大公路险情如桥涵毁坏和路基、路面突然坍塌等，应及时上报，由相关部门及时向社会发布预警信息。

5.5 公路巡查记录

公路巡查记录作为公路养护的原始资料，应载明日期、巡查人员姓名，对病害、突发事件等情况应描述地点桩号部位、应急类型、预估工程量、初步处理意见等，遇特殊情况（如交通事故、危及行车安全的重大不安全因素等）必须做详尽的记录，并保存现场图像资料。

巡查人员应根据日常巡查、特殊巡查及夜间巡查的实际情况，填写公路巡查记录表，技术人员应填写专项巡查的桥梁、涵洞、隧道、路面等单项巡查记录表。对于二级日常养护类型和三级突发事件类型，应及时将巡查记录和照片录入手持终端 App，并上传至公路养护管理系统。

养护单位应定期对巡查记录进行检查，对比日常维护维修情况，评价巡查工作的效率和规范性。

5.6 公路巡查作业要求

巡查人员应在前一天检查巡查车辆及工具，日常巡查每天按上班时间出车，特殊巡查、夜间巡查及其他巡查工作根据实际情况和频率要求开展。

巡查人员在进行巡查作业时要保证自身作业安全，徒步或乘车时应注意安全，下车必须穿着统一的交通安全反光背心,巡查车辆必须开启应急灯具,在巡查车辆后方 50m 摆放不少于 3 个锥形标,并由专人指挥交通。

巡查人员随车必须带有巡查记录本、笔、数码相机或录像机、卷尺等。巡查人员应及时记录巡查处置情况,要求记录路段桩号、上下行,清楚描述所发现的问题,估算初步工程量,需要现场核实的,由巡查人员向养护单位报告,由养护单位安排技术人员到现场进一步核实。

公路巡查记录表填写说明:

①填写发现病害路段的具体位置,包括线路、桩号、上下行。

②损坏部位病害填写路基、路面、桥隧涵或沿线设施、避险车道病害名称,预计工程量填写病害估计数量。

③现场处置情况:巡查人员对路障、杂物、路面积水、设施损坏以及力所能及的零星工程及时予以处治,并填写现场处置情况。

④上报情况:若应急养护项目或维修项目工程量较大,巡查人员不能及时或无法单独完成,则巡查人员应及时向养护部门上报;出现交通阻断、公路损毁及严重灾害的突发险情时,巡查人员应立即上报巡道管理负责人,例如××时××分将此情况电话报告×××(责任人名称)。

⑤要求对二级、三级病害(例如水毁、塌方、波形梁护栏损坏、路面翻浆、桥涵损坏等)拍摄照片,巡道照片应显示拍摄日期,并分类编号、妥善储存。

⑥日常巡查、特殊巡查、夜间巡查均用此记录表,巡查单位应写××分局(工区)或××养护站(道班)。特殊巡查及夜间巡查由养护单位负责完成。

⑦巡查记录要求所填信息真实、准确、整齐、规范,并且必须由巡查人员本人签名。

附件:1.公路巡查记录表(附表 C5)

2.公路隧道巡查记录表(附表 C6)

3.( )年度避险车道专项检查及养护记录表(附表 C7)

公路巡查记录表 附表 C5

巡查单位:

路线及桩号: 日期: 年 月 日 时

巡查车辆:	巡查人员(签名):		
天气:	巡查类型: 日常巡查□ 特殊巡查□ 夜间巡查□		
发现问题情况描述、预计工程量(线路、桩号、损坏部位及病害等)			
现场处置情况			

续上表

上报情况	
照片编号	

说明:1.巡查照片要显示拍摄日期,妥善储存,巡查记录中只填写照片编号。

2.日常巡查、特殊巡查、夜间巡查均用此表样。

公路隧道巡查记录表　　　　　　　　　　　附表 C6

隧道名称:　　　　　　　　　　　　　　　管养单位:

日 期: 年 月 日		天气:
巡查人员:		巡查车辆:
结构及设施名称		状态描述
土建结构	洞口	
	洞门	
	衬砌	
	路面	
	检修道	
	排水设施	
	吊顶	
	内装	
机电设施	供配电设施	
	照明设施	
	通风设施	
	消防及救援设施	
	监控设施	
其他设施		

(   )年度避险车道专项检查及养护记录表　　　　　附表 C7

线路:　　　　　　　　　　桩号:　　　　　　　　　　位置:

序号	作业日期	专项检查			养护作业					实施效果	备注
		纵坡	制动坡道砂粒板结	安全设施	作业内容	人工(工日)	材料	机械(台班)	养护资金(万元)		

参 考 文 献

[1] 中华人民共和国交通运输部.公路养护安全作业规程:JTG H30—2015[S].北京:人民交通出版社股份有限公司,2015.

[2] 中华人民共和国交通运输部.公路养护工程质量检验评定标准　第一册　土建工程:JTG 5220—2020[S].北京:人民交通出版社股份有限公司,2020.

[3] 高建立.河南省高速公路养护标准化手册[M].北京:人民交通出版社,2011.

[4] 武鹤.公路养护技术与管理[M].北京:人民交通出版社,2013.

[5] 林毓铭,陈少文,唐发斌,等.高速公路应急管理和辅助决策[M].北京:知识产权出版社,2014.

[6] 张志南.高速公路标准化管理探索与实践[M].北京:人民交通出版社股份有限公司,2015.